PHILOSOPHIE

DU

SYSTÈME PÉNITENTIAIRE

PAR

L.-A.-A. MARQUET-VASSELOT,

Directeur de la Maison centrale de détention de Loos (Nord).

Fremant licet, dicam quod sentio.
Cic. *de Inventione.*

Dût-on en murmurer, je dirai ce que j'en pense.

PARIS,

JOUBERT, LIBRAIRE-ÉDITEUR,

RUE DES GRÈS, N° 14, PRÈS L'ÉCOLE DE MÉDECINE.

1838

PHILOSOPHIE

DU

SYSTÈME PÉNITENTIAIRE,

PAR

L.-A.-A. MARQUET-VASSELOT,

Directeur de la Maison centrale de détention de Loos (Nord).

Fremant licet, dicam quod sentio.
Cic. *de Inventione.*

Dût-on en murmurer, je dirai
ce que j'en pense.

PARIS,

JOUBERT, LIBRAIRE-ÉDITEUR,

RUE DES GRÈS, N° 14, PRÈS L'ÉCOLE DE MÉDECINE.

1838

Imprimerie d'A. PÉNÉ, à Sèvres.

PHILOSOPHIE

DU

SYSTÈME PÉNITENTIAIRE.

Fremant licet, dicam quod sentio.
Cic. *de Inventione.*
Dût-on en murmurer, je dirai ce que je pense.

L'établissement de la réforme des prisons en France est un fait résolu. L'opinion publique s'est prononcée, et l'adoption du *système pénitentiaire* prévaut décidément sur toute autre espèce de combinaison. Mais quel mode pénitentiaire adoptera-t-on? C'est ici que la véritable difficulté commence, et le point de doctrine le plus difficile à établir. Les États-Unis, l'Angleterre, la Belgique, la Hollande, la Suisse, l'Allemagne même nous sont venus en aide par leurs philantropiques élucubrations; et, de prime abord, il semble à beaucoup de gens que nous n'ayons plus que l'embarras du choix. C'est là, selon nous du moins, une dangereuse erreur. Nulle part encore on n'a, je ne dirai pas atteint le but, mais on ne s'en est même approché. Partout on a fait de la réforme *par intimidation*, jamais par *moralisation*. La somme des contraventions est, à fort peu d'exceptions près, demeurée stationnaire chez ceux-là même qui se croient ou se proclament les plus avancés dans la carrière pénitentiaire; et les tables de leurs récidives vont toujours croissant, à mesure qu'ils développent et perfectionnent leurs milliers d'expériences et de systèmes incohérents.

Est-ce à dire que d'immenses lumières ne soient pas jaillies de tant et de si généreux efforts? Non. Les hallucinations intermittentes de la théorie et les déceptions incessantes de la pratique ont dû nécessairement produire une masse d'observations utiles. Les recueillir et les coordonner m'avaient donc paru le prodrome tout naturel de la solution du problème donné; et tel fut le but que je m'efforçai d'atteindre dans mon *Examen historique et critique des diverses Théories pénitentiaires.*

Mais ce problème, l'ai-je résolu? Non, Dieu merci! car, à l'heure qu'il est, ce serait à qui me jeterait la pierre, tant la seule apparence que le gouvernement allait présenter aux Chambres *un projet de loi sur la réforme des prisons* a mis d'émoi aux cœurs si impressionnables et si chauds de nos philantropes de profession. Maintenant, ce même problème le résoudront-ils? Nous avons le malheur d'en douter.

D'abord, il faut bien en convenir; on n'est pas apte à concevoir toutes les questions sociales, par cela seul qu'on est pair de France ou député. Mais par cela même cependant, on a le droit d'en connaître, d'en discuter, et d'approuver ou d'improuver, suivant que la conscience inspire ou que l'éloquence d'autrui impose. C'est ainsi que les majorités se forment et convergent vers un centre attractif, d'où, bien souvent, une couple d'orateurs seulement impriment leurs convictions d'honnêtes gens à ceux qui les écoutent, et dont les nobles âmes sympathisent le plus avec les leurs. Oui, nobles âmes: car en France, à chaque fois qu'une question d'humanité surgit du milieu des débats parlementaires, ce n'est plus le cas de dire, avec Apulée, qu'il y a de certaines gens qui, suivant moins leur propre sentiment que celui des autres, s'en vont de tous côtés quêtant des conseils, et *pensent* bien plutôt des *oreilles* que de l'esprit, *non animo, sed auribus cogitant* [1]. Ce n'est qu'en politique que l'*âne d'or* a raison; mais en fait d'humanité, tout Français, quel qu'il soit, peuple, ministre, pair, député, ma-

(1) Vol. 1, page 47.

gistrat, voire même procureur-général, juge avec son cœur; et s'il advient qu'il se trompe sur le bien qu'il veut faire, c'est ou que la question a été mal posée, ou qu'il y a impossibilité de la résoudre.

Mais n'y aurait-il pas aussi quelque conscience de bon aloi à venir confesser que nous sommes évidemment placés dans cette double voie, par rapport à la solution du *système pénitentiaire ?*

Eh bien! oui, la question a été mal posée.

Eh bien! oui, il y a, quant à présent, impossibilité de la résoudre complètement.

Disons pourquoi : surtout disons-le vite et clairement, car le temps presse, le mal empire, et le besoin d'y porter un remède efficace et prompt pourrait fort bien nous livrer aux potions calmantes des orviétans philantropiques qui nous arrivent de toutes parts, tels que le *système cellulaire de nuit*, le *Tread-mill*, les *Panoptiques*, les *promenades en rond* dans un préau, le *dos-à-dos* aux tables des réfectoires, les *robes noires tigrées de rouge* pour les meurtriers, les *coups de bâton* pour apaiser l'effervescence des récalcitrants, et cent autres drogues de la même puissance, débitées et achetées comme le *thé de Suisse*, à grand bruit d'étalage de la part des vendeurs, et de la part des acheteurs à grand fonds de crédulité.

Nous disons que la question a été mal posée. Et en faut-il d'autre preuve que les mille solutions diverses qu'en ont données les hommes de science et d'expérience qui s'en sont occupés? En faut-il d'autre preuve que l'hésitation où les plus habiles et les plus studieux d'entre tous se trouvent encore, au moment de se prononcer légalement et constitutivement sur cette haute difficulté sociale? Et que va-t-on faire? Combiner à la hâte quelques matériaux pris çà et là au hasard, afin d'opposer de faibles digues aux flots empoisonnés qui s'avancent et jettent dans leur course une immense corruption autour d'eux! voilà tout. C'est par des temps d'arrêt qu'on a calculé la force de résistance, et qu'on l'a crue suffisante à contenir l'espèce d'invasion qu'on redoute. Fatale déception! car toujours le torrent marche et se grossit au pied des murs de briques et de fer dont vous cernez vos bagnes et vos prisons; et la débauche, l'irréligion et l'immoralité s'y infiltrent incessamment pour y saturer de leurs miasmes impurs et morbides, tous les malheureux que vous y accumulez!

Et ne dites pas qu'Auburn, Cherry-Hill, Wethersfield, Brixton ou Milbank, Genève ou Lausanne, que l'Allemagne ou la Prusse, la Russie ni le Portugal, l'Espagne ni l'Italie vous aient offert encore un système de réforme parfaitement moralisateur et généralement adopté. Vous vous faites illusion à vous-mêmes, comme ces bonnes gens qui, charitablement épouvantés des ravages du choléra, se pâment de bonheur à chaque annonce emphatique de la découverte miraculeuse d'une panacée infaillible, laquelle se colporte d'autant plus volontiers de carrefour en carrefour, que la découverte vient de loin, et que le nom du taumaturge a de sonorité!

Et moi aussi je me suis fait une pharmacopée pénitentiaire, saisi, comme tant d'autres, par la certitude de l'intensité du mal, et par le besoin d'y apporter d'autant plus vite d'utiles remèdes, que depuis vingt-huit ans passés je vois souffrir vos malades, et doute, malgré moi, que jamais vous puissiez radicalement les guérir [1]!

Ah! si je ne craignais pas qu'on m'appliquât le *vous êtes orfèvre, M. Josse*, avec quelle confiance je vous dirais: — «Si vous doutez de l'impossibilité réelle de régénérer vos condamnés par le régime pénitentiaire tel qu'on l'a conçu jusqu'à présent, prenez la peine de parcourir le tableau fidèle que je vous ai tracé de ses discordances et de ses déplorables mécomptes!» Partout mêmes efforts, partout même prodigalité d'or, même dévoûment, mêmes études et même but.... et partout le crime vous jetant un rire satanique, et brisant, à coups de récidives, les bases de l'architectonographie matérielle et morale de vos philantropiques illusions!....

Ceci cache un mystère; car Dieu n'a pu vouloir que les choses fussent ainsi. Il n'a pas fait du repentir un des chemins du ciel, pour que la justice humaine en empêchât le parcours

(1) Du moins par les moyens dont vous voulez user.

aux tristes voyageurs qu'y précipitent ses arrêts. Oui, oh! oui, ceci cache un mystère! Oserons-nous en sonder l'abîme? Essayons. Aussi bien ne m'adressai-je qu'aux hommes de conscience et d'amour. Soit qu'ils m'approuvent ou qu'ils m'improuvent, au moins ne m'accuseront-ils pas d'entêtement et d'orgueil, et n'aurai-je à leurs yeux d'autre tort que celui, du reste assez philosophique, de signaler le danger de ce qui est, sans indiquer un meilleur moyen d'y remédier pour l'avenir.

La question qu'on s'est posée dans l'invention du système pénitentiaire est celle-ci :

« Le crime commis, quelle est la méthode la plus rationnelle « à suivre pour tout à-la-fois PUNIR et AMENDER le coupable? »

Et qu'on le remarque bien, ce n'est, en effet, que du moment où l'humanité en marche a rencontré devant elle l'idée de *la réforme des prisons*, qu'elle s'est tout d'abord posé cette dernière question. L'idée légale première fut celle-ci :

« Le crime commis, il faut renfermer, châtier ou tuer le « coupable, pour éviter que la société ne souffre de sa mono- « manie d'assassinat ou de vol. » Ce qui équivaut à ceci : — « Agir sur le coupable par la sévérité du châtiment, et sur « l'homme innocent par l'exemple de l'ignominieuse condition « du premier. »

Et de là l'ancien système de pénalité criminelle, dont je suis assurément très loin d'excuser les inutiles et parfois atroces rigueurs, mais dont Dieu me garde de stygmatiser le principe civilisateur ; car, il faut bien se l'avouer, à voir comment la philantropie européenne envisage aujourd'hui *la dignité de l'homme* dans ses projets de réforme pénitentiaire, on serait tenté de croire qu'elle met l'ordre social tout entier en dehors de ses combinaisons, pour ne s'occuper que de l'individu qui s'en est volontairement constitué le spoliateur ou l'assassin. Du reste, l'établissement du système pénitentiaire fut *une conconséquence*, et non pas *une découverte*. Il n'était pas plus possible qu'on n'y arrivât pas dans un temps donné, qu'il ne l'était qu'on y arrivât plus tôt.

Chose admirable! cette idée, toute de civilisation véritablement humanitaire, avait germé dans le christianisme comme sur le seul terrain propre à la féconder ; mais elle y fut étouffée sous l'influence délétère du fanatisme brutal du moyen-âge, et y serait morte, si cette phase sociale, qui fut ce qu'elle devait être, n'avait pas dû aussi, elle, s'évanouir plus tard au soleil régénérateur de la religion, reconquérant son indestructible puissance sur la véritable destinée humaine.

C'est donc à tort qu'on a dit que le christianisme travaillait et ne devait travailler à la réforme des âmes que dans un seul but divin ; et que le législateur avait, lui, une autre mission à remplir. L'Évangile n'est une loi de salut que parcequ'il est une loi sociale : donc, quand la religion travaille au salut des âmes, elle travaille en même temps à celui des gouvernements ; et malheur à ceux qui l'oublient !

Mais le christianisme, en venant en aide à l'humanité, n'avait pas mission de lui imposer, mais de lui révéler la loi de civilisation : ainsi donc, s'il se montra civilisateur aux yeux des hommes, ce fut sans leur ravir cette liberté de conscience et de jugement qui seule les constitue rois de la terre, et arbitres souverains du choix de l'erreur ou de la vérité. L'arbre éternel et saint du Calvaire a été placé en vue du monde entier, pour abriter de ses rameaux les peuples qui veulent s'y réfugier, et tous y arriveront au jour providentiel dont il a été écrit : « J'ai encore des brebis qui ne sont point de mon bercail ; « mais il faut que je les y ramène, et *alors il n'y aura plus « qu'un seul pasteur* [1]. » Jusqu'à cette heure promise, rien ne s'achèvera de parfait sur la terre, et devant qu'elle arrive, il faudra d'abord que le monde obéisse à cette autre loi du même code : *Aimez-vous les uns les autres.*

Au train dont vont les choses de ce monde, il est possible qu'elle tarde encore quelques siècles à sonner !

Toutefois, *le principe résurrectionnel* a produit quelques-unes de ses divines conséquences ; et si l'arbre rédempteur, *in quo salus mundi pependit*, a vu ses branches diversement mutilées par les innombrables sectes qui se les sont arrachées, le tronc n'a pu mourir, et toujours il est là pour leur offrir de

(1) Jean, ch. X, v. 16.

nouveaux rejetons et de nouveaux abris! Longtemps encore, sans doute, les nations éparses peuvent errer, mais aucune d'elles ne peut désormais se soustraire à l'idée du véritablement grand architecte de l'univers; et comme il est de la nature des idées profondément civilisatrices de *ne jamais s'arrêter*, il est visible pour tous que l'humanité a repris Dieu pour guide, et qu'il faudra bien que tôt ou tard elle en arrive à se reposer au sein de la *vérité*.

En effet, n'est-il pas évident que chez les peuples les plus avancés dans l'accomplissement de *l'œuvre pénitentiaire*, ce sont *les plus religieux* qui se placent au premier rang? N'est-il pas de la même évidence aussi que, sans le savoir peut-être, ils obéissent, dans leurs systèmes à cet égard, aux influences toutes naturelles de leur mode particulier de civilisation politique, religieuse et morale? N'est-ce pas, enfin, pour cette seule raison qu'en France la régénération des condamnés est presque UNE IMPOSSIBILITÉ par l'ignorance ou l'oubli du sentiment religieux chez la presque généralité des individus qui, d'ordinaire, servent d'aliment à nos cours d'assises et à nos maisons de détention?

J'ai dit [1] qu'en Angleterre

La philantropie est. . . . . . *mécanique;*
Aux États-Unis. . . . . *républicaine;*
En Hollande et en Belgique. . . *marchande;*
En Suisse. . . . . *cantonale;*
En Allemagne. . . . . *feudataire;*
En Italie et en Espagne. . . . . *semi-sacerdotale;*
En Russie et en Turquie. . . . *autocratique;*
Et en France. . . . . *intrigante et philosophique.*

Eh bien! qu'on se donne la peine de visiter et d'étudier les diverses théories de l'emprisonnement, et l'on verra si j'ai eu tort d'avancer que *l'idée pénitentiaire* subissait forcément l'influence des modes d'existences diverses des peuples qui se la sont appropriée.

(1) *Examen historique et critique des diverses Théories pénitentiaires*, ramenées à une unité de système applicable à la France, vol. II, page 412; chez Victor Magen et Joubert. Paris.

Et c'est quand cette assertion a l'évidence d'un axiome qu'on s'imagine, à l'aide d'un éclectisme rigoureux, formuler pour notre pays un système pénitentiaire parfait? Mais qu'irez-vous donc demander à la philantropie étrangère qui vous convienne et *qu'elle puisse* vous donner? Sera-ce, par exemple, ce profond sentiment religieux de l'Amérique et de la Suisse? C'est là pourtant *le seul élément* des *apparences* de succès qui vous ont séduits, et le seul, sans contredit, qui vous manque pour obtenir des résultats bien autrement *réformateurs* que les leurs!

Eh! oui, *des apparences de succès;* car nulle part ils ne vous offrent de *réalité;* et les tables de récidives en sont partout une éclatante démonstration.

Est-ce à dire pour cela qu'il faille dénier quelques améliorations notables que, çà et là, nous voyons resplendir au-dessus de l'abîme pénitentiaire? Non. Mais puisque, malgré tant d'efforts honorables, les plus avancés en matière de réforme des prisons ne s'en sont encore approchés que d'une manière incomplète, on est fondé à soutenir qu'il y a au fond de toutes ces combinaisons un vice essentiel qu'il faut plutôt s'attacher à découvrir, que de perdre son temps à suivre une marche qui pourrait bien, en définitive, ne pas même nous amener au *nec plus ultrà* que nos maîtres en ce genre se félicitent si vaniteusement d'avoir atteint.

Ce n'est donc pas le *progrès* que nous nions pour quelques-uns, et encore moins leur dévoûment et leur habileté. Ce que nous nions, c'est qu'ils en soient venus *à la solution* du problème pénitentiaire; d'où nous tirons cette conséquence que, *peut-être*, on l'a mal posé; et que si l'on ne s'essaie à le formuler sous un autre point de vue, il y a chance de ne jamais le résoudre.

Ainsi donc, au risque de nous fourvoyer, cherchons ailleurs et autrement. Qui sait?

D'abord, quel est notre but?

La répression des délits,

La moralisation des délinquants.

Comment y voulons-nous arriver?

Par la justice,

Par le raisonnement.

Raisonnons donc, et disons :

Dieu n'a point fait d'exceptions dans les facultés animiques dont il a doté l'homme. Aucun n'a reçu une âme différente de l'âme d'un autre ; aucun n'est né positivement méchant ou forcément vertueux. Et si la science phrénologique a découvert ou cru découvrir des prédispositions instinctives dans l'organisme matériel de tel ou tel individu, il faut lui rendre cette justice qu'elle s'est hâtée de convenir qu'il n'y en a pas une seule qui ne pût être modifiée par *l'éducation*.

LES PASSIONS HUMAINES ne sont donc pas, comme quelques-uns l'ont pensé, un instrument de perdition ; mais un moyen de conservation et de bonheur, dont tout le mystère est de savoir user et jouir sans préjudice à la conservation ou au bonheur d'autrui. De là l'enseignement divin : *Ne pas faire aux autres ce que nous ne voudrions pas qu'on nous fît à nous-mêmes*. Et il n'y a rien à répondre à cela, sous peine de blasphème ou de démence.

Si donc, comme il n'est pas douteux, *l'éducation fait l'homme* [1], d'où provient le crime? Evidemment de *l'ignorance*. Or, en quoi doit consister l'éducation sociale? Dans la connaissance parfaite de ce qu'on doit à Dieu et à ses semblables. Je ne sache point d'autres principes fondamentaux de *l'éducation* que ces deux sciences-là. Mais cette éducation *religieuse* et *morale*, qui peut la procurer aux hommes? — La fortune aux riches, l'ÉTAT aux pauvres. La misère et l'abjection sont de puissants maîtres aussi ; mais on sait quels enseignements ils donnent. Les prisons, les bagnes et les échafauds sont là pour les constater.

Et qu'ici l'on n'aille pas confondre *l'éducation* avec *l'instruction*. La première est de droit social *pour tous ;* la seconde n'est qu'une conséquence de position pour quelques-uns. L'éducation est une égide conservatrice des mœurs et de la probité des citoyens de toutes les classes et de tous les rangs ; tandis que, trop souvent, l'instruction n'en est que le masque hypocrite et menteur. Pour le pauvre qui a besoin d'amour, de tra-

(1) Et non pas seulement l'instruction.

vail et de pain, il y a le prostibule, la taverne et *les travaux forcés* des hauts-fourneaux !... Pour le riche, il y a des boudoirs parfumés, de magnifiques et somptueux restaurants, de lucratifs emplois à prodiguer à ses heures de loisir.

La fortune peut donc, à l'aide de *l'instruction philosophique*, se vautrer, si bon lui semble, dans toutes sortes de délices sans scandale et sans danger ; l'ignorance et la misère, qui n'ont pas acquis les moyens de se draper ainsi sous des voiles imposteurs, marchent à découvert dans toutes les voies de l'ignominie et de l'impudicité, jusqu'au gîte légal que vous leur avez ouvert, sauf à vous occuper ensuite d'un avenir moins infamant pour elles, et plus rassurant pour vous !

Hélas ! oui : c'est ainsi que va le monde tel que vous l'avez fait ; car ici tout se développe et s'enchaîne logiquement, sans effort, sans paradoxe, sans plastique et sans mauvais vouloir. C'est cela ; rien de moins, rien de plus !

C'est cela ; non pour un peuple plutôt que pour un autre, ni pour aucune phase sociale plus ou moins haut placée dans le temps ; c'est cela pour tous les temps et pour tous les peuples depuis qu'ils se sont constitués, n'importe sous quelle forme politique ou sous quel dogme religieux. Il faut, de toute nécessité, que l'arbre porte son fruit ; c'est-à-dire, qu'il y ait des crimes dans le monde tant qu'on en laissera la majeure partie de ses habitants croupir dans la fange de l'ignorance et de l'impiété. Et qu'on ne s'y méprenne pas, entre la populace qui viole et vole, et le despotisme, d'où qu'il vienne, il n'y a de différence que dans le rang qu'ils tiennent. C'est toujours *l'ignorance* et *l'impiété* qui s'imposent à la volonté de la canaille ou de ses maîtres. Eh bien ! pour que la première cesse de spolier l'humanité par défaut *d'éducation et de travail*, et les seconds de spolier Dieu lui-même par l'insolente usurpation d'une puissance sans limites, il faut que la civilisation change d'allure, et qu'il y ait, pour tous ici-bas, de *l'éducation* à recevoir, du *travail* à faire, et du *bonheur* à goûter. Alors, non-seulement il y aura moins de crimes à expier par le châtiment et le remords, mais il y aura de plus certitude d'arriver à la dernière équation du problème pénitentiaire.

Le principe de toute espèce de contraventions une fois connu voici, *selon nous*, par où il faut commencer la réforme d. prisons.

On doit se dire : — Sur cent condamnés indistinctement pris dans toutes les catégories de la criminalité, il y en a quatre-vingt-dix, *au moins*, qui n'eussent jamais failli s'ils avaient reçu dès leur enfance, 1° *l'éducation morale et religieuse*, comme aliment de leur intelligence ; 2° le travail nécessaire au déploiement de leur industrie ; 3° l'aisance moralisatrice qu'il est de droit divin qu'il procure à ses agents..... *dignus est operarius mercede suâ* (1).

Si donc ils ont succombé sous la triple force de l'irreligion, de la misère et de l'oisiveté, le fait du crime dont ils ont mérité d'être châtiés ne peut leur être imputé tout entier. Ils ont failli parcequ'ils ont été, pour la plupart, dans la nécessité de faillir ; de même qu'ils ont été punis de leurs méfaits, parceque leur punition n'en était pas moins pour l'ordre social une nécessité de conservation. Il a dit : — Respecte le bonheur d'autrui, n'importe à quel prix ; souffre, végète, meurs d'amour ou de faim ; mais tais toi. — Et si le paria déchu a répondu : — Je veux travailler, jouir, aimer et me nourrir..... La prison s'est ouverte !..... Et c'est là que, grâce à Dieu ! vous venez le chercher enfin pour le réhabiliter dans son existence morale et sociétaire, en expiation du fatal oubli où vous l'avez laissé se souiller de vices, ET NON PAS D'INSENSIBILITÉ.

On répond : — S'il est vrai que quatre-vingt-dix condamnés sur cent n'ont chuté dans le crime que parcequ'ils ont été placés dans des conditions de désespoir et d'immoralité, il est encore plus vrai qu'ils se sont, à ce point, corrompus par le contact ; que, pour établir maintenant une proportion exacte dans l'état normal des prisons, il faut renverser votre proposition, et dire : — Sur cent condamnés aujourd'hui détenus, c'est le tout si l'on peut espérer d'en rendre à la société une dixaine de régénérés.

Eh bien ! non, cela n'est pas vrai... et cependant...

(1) I. Tim. V, 18.

Vous ne parlez de tare et de corruption que sur *ouï-dire;* et vous n'en jugez que sur l'indication fautive et menteuse *du nombre des récidives.* Que serait-ce donc si, au lieu de vous ébahir philantropiquement d'indignation contre l'immoralité de nos maisons de force et de nos bagnes, votre mauvais destin vous eût jeté sous l'atmosphère de ces lieux infâmes pour en respirer les miasmes pestilentiels? Vous briseriez vos théories de cabinet, et redemanderiez à notre siècle de miséricorde un nouveau code draconien, afin de vous débarrasser au plus vite de vos insurmontables terreurs!

Mais cette putréfaction morale qui tant vous épouvante, savez-vous pourquoi elle se perpétue et se développe au milieu de nos prisonniers? Je vais vous l'apprendre.

C'est que, ne voyant dans le coupable que la nature et la gravité de son crime, vous en avez mis *l'origine* ou *le principe* hors de compte, et que vous lui avez imprimé au front le cachet indélébile de la honte et d'un opprobre éternel! Vous ne vous êtes pas dit : — Rendons-lui ce qui lui a manqué pour vivre homme de bien, *l'éducation, le travail et l'aisance* qu'il amène; mais : — Renfermons-le d'abord, nous aviserons plus tard.

Et en effet, vous avez avisé. Vous avez introduit au milieu de ces hommes abrutis *une manière d'instruction* religieuse et morale, *le travail forcé,* et *des cantines* pour y dépenser gaîment la portion de main-d'œuvre que vous leur avez abandonnée. Vous avez fait plus encore; car tout en les contraignant au travail, vous leur avez concédé *le droit immense d'en exiger,* ce qu'assurément je vous défie de faire, quant à présent, en faveur des pauvres honnêtes et libres, sans briser d'un seul coup toute l'économie de votre ordre social. Mais ce qui manque à la prodigalité mal combinée de tant de bienfaits, c'est *la liberté d'en user,* seule condition à laquelle vos condamnés reconnaîtront qu'on ne les a pas ravalés au niveau du plus humiliant esclavage, et où vous, à votre tour, vous pourrez reconnaître que leurs remords ne sont pas une colère, leur repentir une hypocrisie, et leur régénération morale une vaine apparence!

Mais qu'est-ce donc, au surplus, qu'une agglomération de condamnés, sinon une société d'êtres plus ou moins moralement déchus, qu'il faut surveiller sans doute, mais qui néanmoins, SACHEZ-LE BIEN, conservent le sentiment indestructible du juste et de l'injuste, et l'instinct naturel de l'état *de sociabilité :* il n'en est pas un seul qui ne sente intérieurement et ne s'avoue tout bas qu'il a mérité le châtiment qu'il subit; il n'en est pas un seul qui n'ait au moins envié dix fois, durant sa captivité, le bonheur de se retrouver en position *de mieux faire qu'il n'a fait*, et qui ne s'empressât d'en fournir la preuve si l'occasion lui en était offerte *même en prison*. Ce qui l'arrête, c'est l'infamie du passé qui l'humilie, l'infamie du présent qui le souille, et, *par-dessus tout*, l'infamie de l'avenir qui l'attend! Et ne croyez pas que cette douloureuse et triple sensation soit pour lui le résultat forcé *de son séjour en prison*; il l'éprouve *spontanément* au moment même de l'arrêt qui le condamne[1]; car jusque-là *l'espérance*, cette haute puissance de l'âme, a comprimé ses craintes et maintenu ses forces *morales*; jusque-là ce n'était pas encore *un homme perdu*; l'inexorable remords avait élevé sa voix, et le repentir lui faisait déjà sentir sa salutaire influence; il n'avait pas enfin récusé totalement *cette estime de soi-même*, que vint anéantir *à toujours* le verdict échappé aux lèvres balbutiantes du président du jury; mais ce coup de foudre a tout brisé, *remords, repentir, espérance;* et quand le malheureux arrive à son gîte souillé, ce n'est plus *pour s'y corrompre*, comme vous le dites, par le contact empesté des coupables qu'il y va trouver; LE MAL EST FAIT; c'est seulement pour y développer, sans contrainte et sans honte, le germe d'avilissement que vous venez d'implanter sur cette terre animique devenue désormais assez plantureuse pour qu'il s'y enracine à une telle profondeur que, malgré vos innombrables inventions de sarcloirs philantropiques, vous n'avez pu trouver encore aucun moyen d'en étouffer les jets multiples et menaçants!

Ah! de quelle fatale hallucination ne faut-il pas avoir été frappé pour se flatter que cet être invinciblement social, vous

(1) Je ne parle pas des rétrudés.

l'améliorerez par l'effet mystique de l'isolement où vous voulez le réduire ! Lui ! grand Dieu ! se régénérer par la puissance de la réflexion comme un anachorète que le sentiment religieux entraîne à la méditation des choses du ciel, *dans une solitude de son choix?* Lui ! retrouver dans l'enseignement du silence des inspirations et des souvenirs pour la vertu ? Lui ! ignorant, débauché, fainéant, souffrant et maudit, se repentir, quand c'est vous ou seulement sa destinée qu'il accuse d'injustice et de cruauté ! Non, JAMAIS ; parceque toujours il sera vrai (laissez-moi vous le répéter) que si, comme l'a dit saint Augustin, *la solitude alimente le génie,* c'est le génie qu'on a ; et que son génie, à lui, c'est tout un enfer de haines, de malédictions, de moqueuses douleurs et d'atroces délices. Oh ! vous n'y changerez rien, ni vous ni aucun autre ; sauf que, saisissant le coupable *au moment même de sa condamnation,* vous ne donniez le change à ses pensées d'avenir par la *sévère humanité* de votre institution pénitentiaire. N'allez pas, imbus du sentimentalisme philantropique bondi si chaleureusement du cœur de nos plus hommes de bien, mutiler étourdiment votre beau système pénal, et dogmatiser à perte de vue sur l'harmonisation, comme on dit, *de la moralité de l'acte avec la moralité de l'agent;* sur la classification des convicts par nature de crime, de délits ou de simple contravention[1]; car vous tournerez incessamment sur votre vieux pivot sans fixité. Il faut que la société soit vengée, que la peine *soit peine;* le châtiment, *châtiment;* la prison, *prison;* mais tout cela combiné de telle sorte que l'amendement, *que la réforme enfin,* en jaillissent par des lois conformes à l'instinct de sociabilité humaine, et non pas à l'aide de systèmes plus ou moins ingénieux ou philosophiques, et dont l'ultimatum n'offrira jamais que de fallacieuses espérances et de déplorables illusions !

Que votre monde de reclus soit donc, à l'imitation de votre monde d'hommes libres, *une véritable société,* conservant, au

(1) Même par race d'individus, comme le propose M. Léon Faucher dans les idées de réforme qu'il a développées avec beaucoup de talent. Voyez le *Journal général des Tribunaux.*

milieu de ses lois à part et de sa constitution exceptionnelle, *la liberté du bien et du mal faire;* seule règle, vous dis-je, qui puisse vous mettre à même d'apprécier à leur véritable degré les diverses espèces d'amendements. Que tous vos condamnés, *n'importe à quel titre,* VIVENT ENSEMBLE et demeurent entre eux *solidaires et responsables* de leurs actes, suivant les dispositions réglementaires qui devront les régir, et qu'il est si facile de concevoir et de constituer! Là, comme ailleurs, ces hommes, tout dégradés qu'ils sont, se diviseront en trois seules catégories, les *bons,* les *méchants* et les *douteux;* et là comme ailleurs, les *bons* devront être encouragés *par des récompenses,* les méchants contenus par des *pénalités proportionnelles,* et les *douteux* sévèrement surveillés, livrés à *leur libre arbitre,* en face du repentir des uns et de la perversité des autres.

Vous seriez-vous donc imaginé, par hasard, que du moment où les individus succombent sous l'invasion du crime ils perdent nécessairement déjà toute espèce de dignité humaine, et que ce ne sont plus que des êtres tellement en dehors de la civilisation, qu'ils n'aient plus en eux aucune faculté propre à les maintenir dans le cercle de la loi sociale? Vous vous seriez alors étrangement mépris; et cela n'est pas plus vrai que cette autre rêverie : — *Qu'on peut d'autant plus les ramener à la vertu qu'ils s'en sont écartés davantage.* — Ils ont conservé dans leur chute les mêmes passions qui, mieux dirigées, les eussent empêchés de faillir. L'amour-propre, l'ambition, la soif de l'or, le dévoûment à l'amitié, la pitié pour le malheur, la haine contre l'injustice et *l'esprit d'association* sont autant d'éléments qui les agitent et les meuvent dans toutes les phases de leur captivité. Tout l'art pénitentiaire consiste donc à les diriger dans le développement de ces mêmes facultés, ce que vous vous efforcerez en vain d'obtenir par l'effet de l'isolement cellulaire, que vous semblez regarder aujourd'hui comme le *criterium* de réforme le plus infaillible qu'il soit possible d'imaginer!

Voulez-vous quelques exemples de la puissance d'action exercée sur ces âmes démantelées par l'effet des passions dont je vous parle? Écoutez.

J'ai déjà cité l'effet produit par l'introduction d'une *médaille de bonne conduite* au milieu de ce peuple de parias, misérables et de cœur et d'esprit, et l'on a pu voir[1] comment l'obtention de cette faveur avait spontanément influé sur la conduite et la moralité *de tous ceux* qui en étaient devenus l'objet[2]. Voici maintenant par quel moyen on est venu à bout, dans ce même établissement, de vaincre l'une des plus indomptables habitudes des habitants du Nord.

Malgré tout le déploiement de la police de l'établissement, la présence des *prévôts* et des *surveillants* de chambrées, soigneusement choisis parmi les meilleurs prisonniers, il était devenu impossible de les empêcher de fumer dans leurs dortoirs. Alors, convaincu par l'étude opiniâtre que j'ai faite de leur caractère, de leur aptitude à sentir et à reconnaître les témoignages de confiance qu'on leur donne, je conçus et exécutai le projet d'abandonner, à tout le quartier des décorés, le choix de leurs prévôts et de leurs surveillants. En conséquence, ils se réunirent dans un vaste corridor, et procédèrent à un scrutin dont le résultat fut une majorité en faveur des *meilleurs sujets* de la prison, de *ceux-là mêmes* que nous eussions choisis; et depuis, *pas une seule punition* n'a *été infligée dans ce quartier* pour contravention à l'ordre exprès de n'y jamais fumer nuitamment[3].

Je n'ai pas osé aller plus loin; mais cette expérience m'a de plus en plus confirmé dans la conviction intime et consciencieuse où je suis, qu'*en socialisant les condamnés en prison*, on arriverait à *des réformes morales* qu'on n'obtiendra jamais par les systèmes incohérents d'Auburn, de Philadelphie, de Genève, de Lausanne, de Milbank ou d'Insterburg.

Il en est de même de toutes les autres passions; bien que *l'amour-propre* me paraisse celle dont on doive, en prison,

(1) *Examen historique et critique*; vol. III, pag. 310.

(2) Sur 420 détenus de cette catégorie, libérés dans la maison de force et de correction de Loos, depuis le 1er avril 1833 jusqu'au 31 décembre 1836, huit seulement y sont revenus en état de récidive. Le nombre des décorés a été, durant cette période, de 524.

(3) L'exactitude de ce fait peut s'obtenir par la compulsion de nos registres de punition.

préparer et attendre les meilleurs résultats pour la réforme. Je pourrais, du reste, multiplier des exemples remarquables de l'action incessante des autres mouvements de l'âme sur la majeure partie des individus de cette espèce. Je me bornerai à quelques-uns pris, non pas *exceptionnellement*, mais dans les habitudes générales de la masse des condamnés. Tous, à peu d'exceptions près, ont *l'ambition* de se faire distinguer de leurs camarades par quelque côté de leur existence sociale, et la vanterie est, généralement parlant, identique à la qualité de prisonnier. Ils veulent être *les plus habiles* dans le métier qu'ils pratiquent, *les plus utiles* dans les postes de confiance qu'on leur concède, *les plus intelligents* à comprendre ce qu'on leur enseigne, et *les plus savamment scélérats* dans les enseignements qu'ils donnent, quand on les laisse se constituer professeurs de ce genre de science au milieu de leurs trop faciles auditeurs ! S'il en est dont les antécédents leur aient fait supposer qu'avec de l'argent, dans le monde, on peut plus facilement soit éviter le crime, soit le couvrir, soit même le racheter, ils se livrent à *l'usure* avec une inconcevable perfection de calcul, de patience et d'hypocrite générosité[1]. Mais *cette mauvaise passion* aurait bien moins d'intensité en prison, sans *l'énorme faute* qu'on a faite de délivrer au détenu *son denier de poche*, et d'établir *des cantines* pour l'y dépenser. Sauf la complète destruction de ces aberrations philantropiques, *la réforme des prisons* est la plus folle de toutes les entreprises de cette nature. J'ai parlé de dévouement *à l'amitié*, de *pitié pour le malheur*. Eh bien ! jamais un prisonnier ne trahit le prisonnier qu'il aime ; et quel que soit celui qu'atteigne une punition sévère, *tous* s'ingénient à trouver le moyen d'adoucir sa position, au risque de s'exposer eux-mêmes aux châtiments réservés à ceux qui con-

(1) J'ai connu un juif qui, entré dans la maison centrale de. . . . . . que je dirigeais alors, avec une somme de 8 fr. 50 c., avait ramassé en dix-huit mois un sac de gros sous de 1,125 fr., que le hasard lui fit saisir. Cette somme lui ayant été rendue au jour de sa libération, je l'ai revu depuis dans une petite ville avec un très bel assortiment d'effets tout confectionnés. Jamais *une seule plainte* ne m'était parvenue contre lui de la part de ceux de ses camarades *qu'il obligeait* avec un dévouement dont *tous* lui savaient le meilleur gré possible.

treviennent aux ordres de police établis par l'administration. Quant à leur *haine contre l'injustice*, elle est telle que le *soupçon même* qu'on les trompe ou qu'on les traite avec arbitraire les irrite au dernier point et les porte instantanément à des actes de rebellion. *L'injustice* et la *flatterie* sont, en prison, les deux plus fortes puissances de désorganisation que je connaisse; mais les effets de la seconde sont immensément plus à craindre et corrompent davantage. C'est que la flatterie non-seulement s'infiltre dans l'âme dont elle caresse les penchants et *y demeure;* tandis que l'arbitraire ne saurait durer long-temps, et que l'irascibilité qu'il réveille se modifie par cette pensée naturelle au coupable : — Que sa condamnation ne fut peut-être pas aussi rigoureuse que lui-même l'avait craint au moment des débats. — Quant à cette autre nécessité sociale, *l'esprit d'association,* elle n'est pas moins développée au milieu des convicts que tous les autres instincts civilisateurs; et s'il était possible, *comme je le crois sans restriction,* d'organiser nos cités à nous de telle sorte que leurs habitants eussent intérêt à produire plus de travail sous la double solidarité de la bonne conduite et de la bonne confection, je ne fais aucun doute qu'on ne parvînt, sinon à changer totalement, au moins à modifier d'une manière extrêmement remarquable, leurs habitudes perverses en habitudes totalement opposées, et à les prédisposer ainsi, par cette continuité d'œuvre sociale, à des retours sur eux-mêmes bien autrement puissants d'action régénératrice, que le silence abrutissant et démoralisateur du *solitary confinement*.

Je n'ignore pas que depuis quelques mois des hommes d'une haute capacité, tels que les Julius, les Crawford, les Russel, à l'étranger; les Aylies et les Demets, en France, ont découvert que le système de Cherry-Hill n'avait aucun des inconvénients qu'on lui avait reconnus jusqu'à ce jour. Ecoutons M. Demetz (*Rapport sur les Pénitenciers des États-Unis,* page 38) :

— « On a dit qu'il était odieux et barbare d'isoler un homme « de toute relation avec ses semblables; que l'homme n'est pas « né pour vivre seul; qu'on n'avait pas le droit de briser ses

« habitudes sociales ; que cela était contraire à l'humanité, à « la religion.

« Il suffirait de répondre à cette objection, qu'il est établi « par l'expérience que l'amendement du condamné ne peut être « obtenu qu'à ce prix, que l'isolement seul est favorable à la « réflexion, à la méditation, à l'efficacité d'une instruction « morale et religieuse, et qu'un tel but est celui où doit tendre « toute nation civilisée. »

D'abord, est-il établi par l'expérience que l'amendement du condamné ne peut être obtenu qu'à ce prix? Il nous sera permis d'en douter; car l'amendement ne se peut constater que par la conduite ultérieure des condamnés libérés; et l'on convient qu'en Amérique *il est impossible* de constater le chiffre exact des récidives (page 121). On ajoute que — « l'isole- « ment est SEUL favorable à la réflexion, à la méditation et à « l'efficacité d'une instruction morale et religieuse. » — Mais c'est précisément ce que je me crois en droit de contester par le raisonnement et par l'expérience. Par le raisonnement, en ce que, évidemment, l'espèce d'individus qui alimente nos prisons est celle à laquelle la *réflexion* et la *méditation* doivent le moins profiter utilement; par l'expérience, en ce que depuis sept ans que j'adresse aux prisonniers commis à ma direction des instructions morales, j'ai dû me convaincre, cent fois pour une, que les masses ont cela de particulier, qu'elles sont plus *attentives*, et sentent et comprennent d'autant mieux qu'elles sont plus nombreuses; comme s'il y avait en elles quelque chose d'électro-sympathique qui mût toutes leurs diverses intelligences, et les assimilât à la voix de celui qu'elles écoutent. Voyez nos spectacles scéniques : est-ce que le silence n'est pas plus complet, plus religieux, et les beautés poétiques ou lyriques mieux appréciées quand la salle est pleine, qu'alors qu'elle est quasi déserte? Est-ce que l'éducation isolée vaut jamais l'éducation du collége ?

A cette assertion : — « Il est barbare d'isoler un coupable, » — M. Demetz répond : — « Est-ce donc moins barbare de le te- « nir dans la compagnie de ses semblables, et de l'empêcher « de communiquer avec eux par la parole ou même par le re-

« gard, comme dans le système d'Auburn? » — Oh! non, mille fois non! Mais c'est que vous avez confondu le *silence* avec le *mutisme*, et que, par ainsi, vous avez exigé L'IMPOSSIBLE. Or, ce n'est pas à l'impossible qu'il vous faut demander des moyens de régénération morale ; Dieu ne vous l'a pas permis, et vous n'y réussirez pas. Poursuivons : — « Rompre les habitudes so- « ciales du criminel, c'est le résultat le plus heureux qu'on « puisse obtenir. Que sont-elles, en effet, sinon des habitudes « pernicieuses qui ont elles-mêmes provoqué les mesures que « la justice a prises envers le condamné? M. Livingston, le « célèbre criminaliste américain, à dit : — *Plus on éloigne « l'homme des habitudes de la prison, plus on le rapproche « de la société.* Faudrait-il donc consulter les inclinations et « les goûts du condamné? N'oublions pas que le séjour de la « prison ne doit pas être pour lui un passe-temps ; l'emprison- « nement est une peine ; il doit donc être, avant tout, répres- « sif, c'est-à-dire mulcter le coupable et inspirer une crainte « salutaire à ceux qui seraient tentés de l'imiter. . . . .
« . . . . . Contester à la société le droit de rompre les habi- « tudes du criminel, ce serait presque lui contester celui de le « priver de sa liberté. »

Sur toutes ces choses, qui vous dit : NON? Mais qu'est-ce que cela prouve en faveur de votre système d'isolement complet? Hé! sans doute, il faut rompre les habitudes du criminel ; il faut tout oser pour l'amender ; mais par quels moyens? C'est là que gît la question; et à cet égard, le système de Cherry-Hill me paraît le plus s'écarter du but que nous voulons tous également atteindre. Oui, *plus on éloigne l'homme des habitudes de la prison, et plus on le rapproche de la société.* Mais pour y parvenir, c'est *par des habitudes sociales* qu'il faut agir contre les habitudes de la prison, et non par des habitudes érémitiques, bonnes tout au plus à sanctifier quelques chrétiens privilégiés, ou quelques misanthropes fatigués du monde et de ses vaines séductions! Je pense aussi, moi, qu'en prenant pitié des criminels, on doit, avant tout, songer à ceux qui souffrent sans l'avoir mérité ; qu'il ne faut pas que trois millions d'hommes probes en soient réduits à envier la condition des forçats, ni que le pauvre honnête aspire à devenir coupable, pour avoir une existence moins dure et moins misérable; et je conçois les conséquences immorales que produirait une compassion sophistique qui fausse, en les exagérant, les devoirs de l'humanité (pages 38 et 39). Mais je doute que l'isolement soit favorable aux idées religieuses chez les condamnés, et que l'exemple des anachorètes de la Chartreuse de Saint-Bruno ou du couvent de la Trappe puisse jamais être apporté en preuve des effets régénérateurs de la moralité déchue des malheureux dont vous vous occupez : j'ai l'intime conviction du contraire. En définitive, tout condamnés qu'ils sont, ils n'en restent pas moins hommes, et c'est ce dont il est besoin de se ressouvenir, si l'on persiste à croire à la possiblilité de leur amendement.

Mais de tous les instincts qui bouleversent le plus l'organisme passionnel des prisonniers, des femmes surtout, *l'amour sexuel* est, sans contredit, le plus impérieux dans ses exigences, et conséquemment le plus difficile à contenir dans le cercle des privations qu'il doit endurer. Il faut avoir été témoin des dégradations physiques et morales que provoque et consomme cette lutte effrayante des sens sur eux-mêmes, pour en comprendre l'effervescence, et peut-être aussi pour en excuser les actes délirants. Sans doute la religion et la philosophie exercent dans le monde une influence salutaire sur quelques âmes fortes et privilégiées, et les soutiennent contre l'invasion de cette soif dévorante par la prière et par l'honneur. Mais dans le monde le mariage ouvre une voie légale et sainte à l'accomplissement de cette parole divine : *Non est bonum esse hominem solum;* tandis que, en prison, la loi de Dieu est suspendue par la loi humaine; et que là, au contraire, s'il n'est pas bon que l'homme vive seul, il serait mauvais qu'il en fût différemment.

Défiez-vous donc, comme d'un blasphème, de ces homélies philantropiques que, dans leur hypocrite continence, quelques-uns de vos réformateurs vous débitent sur la puissance de la solitude et du silence, pour étouffer, ou tout au moins suspendre dans l'âme de vos prisonniers cet invincible besoin d'amour. Pitié que tout cela! Il s'accomplira par de lubriques mensonges et avec d'autant plus de fureur qu'il échappera plus facilement à la honte que lui imposerait la présence de quelques témoins au cœur moins chaud, aux sens moins enivrés, d'un âge moins impressionnable, ou d'une organisation déjà énervée par le même genre de débauche qui lui fait horreur aujourd'hui! C'est à ce vice qui vous fait peur que vous venez sacrifier, par votre régime cellulaire, le seul ressort qui soit capable de redonner à vos âmes perverses un mouvement régulier vers la vertu, *la liberté du bien et du mal.* C'est contre cette infamie qui vous irrite, contre cette souillure qui vous dégoûte que vous venez demander aide aux fallacieuses inspirations de la solitude, aux terreurs démoralisantes du solitary-confinement!... comme si l'expérience ne vous avait pas déjà cent fois révélé l'imperfection de ce système; comme si tout cela n'était pas aller à l'encontre de la loi divine et de la vraie sagesse de l'esprit humain! Et quoi! aurez-vous donc toujours des yeux pour ne point voir, et des oreilles pour ne point entendre, quand l'exemple le plus saillant de la puissance toute réformatrice de la sociabilité parmi les condamnés vous apparaît si convaincant et vous parle si haut? Lisez, lisez, et relisez cent fois.

— « Monsieur Elam Lynds, qui venait de faire ses preuves à « Auburn, dont il était le directeur, quitte cette établissement, « prend avec lui cent détenus accoutumés à lui obéir, les con« duit sur le lieu où la prison projetée doit être bâtie, et là, « campé sur les bords de l'Hudson, sans asile pour le recevoir, « sans murailles pour renfermer ses dangereux compagnons, il « les met à l'œuvre, faisant de chacun d'eux un maçon ou un « charpentier, et n'ayant, pour les maintenir dans l'obéissance, « d'autre force que la fermeté de son caractère et l'énergie de « sa volonté.

« Pendant PLUSIEURS ANNÉES les condamnés, dont le nombre « fut successivement augmenté, travaillèrent ainsi à bâtir leur « propre prison, et aujourd'hui le pénitencier de Singsing con« tient mille cellules, toutes construites par les criminels qui y « ont été renfermés [1]. »

(1) *Du Système pénitentiaire*, par MM. de Tocqueville et de Beaumont, pages 17 et 18.

Examen historique et critique des diverses Théories pénitentiaires, vol. II, page 240.

Et c'est devant cette imposante leçon que vous hésitez encore? Eh! grand Dieu! attendez-vous qu'une nouvelle révélation vienne vous arracher à votre incrédulité, comme l'impie qui demande incessamment de nouveaux miracles à la Providence, pour y croire et se ranger sous l'arbre de la croix? N'y comptez pas; mais dites-nous comment il a pu se faire qu'on renfermât dans des cellules isolées, pour les y refaçonner aux exigences des mœurs sociales, des centaines de malheureux qui, *pendant plusieurs années*, vous ont dicté, sous la voûte du ciel, la solution nette et précise du problème pénitentiaire que vous demandez sans cesse à tous les échos de la philantropie en travail.

Qu'il nous soit permis de le dire, cet exemple est tellement saisissant qu'on s'efforce d'en atténuer la puissance par des considérations dont nous allons juger le plus ou le moins d'importance. On vous dit :

— « L'histoire de la fondation de ce pénitencier est connue « de tous; elle restera comme une preuve frappante du pou- « voir, de la volonté et de l'influence d'une discipline énergique « sur des hommes qui, abandonnés à eux-mêmes, ne connais- « sent aucun frein; mais nous ne saurions proposer un tel fait « pour exemple. N'est-il pas barbare, en effet, de négliger de « prendre contre les prisonniers toutes les précautions ordi- « naires de sûreté, et de se mettre ainsi dans la nécessité de « tuer des hommes qui n'ont d'autres torts que de céder aux « tentations qu'on leur offre de recouvrer leur liberté. Aujour- « d'hui, après douze années d'existence, Sing-Sing n'a pas en- « core de murs d'enceinte; tous les jours des prisonniers sont « conduits par quelques surveillants dans des carrières ou- « vertes; d'autres parcourent en tous sens une cour et des ter- « rains qui ne sont pas clos; l'hiver, une rivière gelée qui, « d'un côté, sert seule de barrière, vient offrir une nouvelle « facilité d'évasion; et d'autre part des gardes stationnés sur « des hauteurs environnantes, armés de fusils, sont prêts à « donner la mort à ceux qui chercheraient dans la fuite un « terme à leur captivité. Nous le répétons, un tel fait est im- « moral et révoltant. » (Rapport de M. Demetz, page 15.)

Mais pour prouver qu'un tel fait est IMMORAL ET RÉVOLTANT, on aurait dû, ce me semble, nous donner la statistique des prisonniers tués par ces gardes armés qui les surveillent des hauteurs où ils font sentinelle. Eh bien ! nous voyons, à la page 61 du rapport, que de 1828 à 1836 inclusivement, il n'y a eu à Sing-Sing que DEUX ÉVASIONS en 1835 ; cette garde armée n'a donc rien d'immoral ni de révoltant, et ne figure là, comme à l'entour de toutes nos prisons murées, que comme *obstacle*, et nullement comme instrument de vengeance et d'inhumanité. Si donc *on ne saurait proposer un tel fait pour exemple*, c'est, osons le dire, qu'on s'est malgré soi laissé prévenir par le charlatanisme séduisant du mécanisme pénitentiaire de l'isolement complet de la prison de Cherry-Hill. Du reste, si je cite cet exemple *comme une preuve frappante du pouvoir de la volonté et de l'influence d'une discipline énergique*, ce n'est pas que j'admette le système de Sing-Sing, de préférence à ceux d'Auburn ou de Philadelphie ; aucun système américain ne me paraît devoir servir de modèle ; tous, aussi bien qu'en Europe, s'écartant, selon nous, de la seule voie qui puisse un jour nous conduire à la véritable réforme des prisons.

N'ayant abordé pour cette fois la question pénitentiaire que sous son point de vue philosophique, il ne m'appartient point de formuler ici le mode d'administration intérieure que je crois facile d'introduire dans notre système de réforme. Si j'avais reçu mission à cet égard, peut-être serais-je assez heureux pour offrir une combinaison telle que ni la justice, ni l'humanité n'eussent rien à me reprocher sur l'entière conservation de leurs droits réciproques et sacrés.

Tout ce que j'ai voulu par ces quelques pages, *c'est donner à penser à nos mandataires* sur la gravité des questions qui vont leur être soumises, et les leur présenter *sous un point de vue nouveau*. S'ils daignent me lire, peut-être trouveront-ils, comme moi, que dans la polémique quotidienne dont la plume élégante et facile d'une foule d'écrivains distingués assure la vogue et commande aux convictions, il y a double péril à tout croire et à tout rejeter : *periculosum est credere et non credere ;* peut-être y découvriront-ils comment au milieu d'un éclectisme consciencieux, mais systématique, la vérité les domine et se vient mêler, à leur insu parfois, à des combinaisons utopiques, et convergeant vers un centre commun, où les tâtonnements de l'expérience ont accumulé quelques succès éphémères, mais attractifs et séduisants; peut-être enfin, quelque enchaînés qu'ils soient par ce fatal accord de tous les théoriciens tournant simultanément dans un même cercle d'idées, écouteront-ils aussi la voix des praticiens qui leur crient : — Au nom du pays que vous allez ruiner, de la vérité que vous devez entendre, de la justice que vous devez défendre, de la religion que vous devez protéger, de l'humanité que vous devez comprendre, ATTENDEZ ! Ne livrez pas aux hasards d'un périlleux avenir les trésors qu'on vous demande et la sainte institution dont l'urgence vous impose. Méditez sans préventions les systèmes opposés qu'on vous présente ; adoptez-en ce qui vous paraîtra le plus convenir à notre temps, à nos mœurs, à notre civilisation ; mais en tout cela soyez vous-mêmes, et *n'imitez pas ;* CRÉEZ.

La vérité, disais-je à l'instant, domine incessamment et comme malgré eux l'esprit de critique systématique des plus habiles réformateurs, des légistes les plus renommés et de nos publicistes quotidiens les plus consciencieusement sophistiques en pareille matière.

C'est ainsi que, parmi ces derniers, nous allons trouver l'erreur et la vérité s'égarant au milieu du dédale pénitentiaire dans lequel M. Léon Faucher leur sert tour à tour de guide à travers d'élégants sentiers tracés par son génie d'observation. Nous ne craindrons point de lui rendre cette justice, qu'il eût infailliblement découvert la porte de salut, si, au lieu *d'expérimenter par lui-même* la difficulté des chemins qu'il voulait parcourir, il n'eût pas cru qu'il lui suffisait de choisir, parmi la foule de *cicerone* qu'il avait sous la main, les indications qui sembleraient le plus propres à rendre son voyage tout à la fois agréable et utile[1].

(1) Voyez au *Journal général des Tribunaux* une série d'articles qui commencent au 2 novembre 1836, et qui forment tout un volume, sous le titre de *Réforme des Prisons*.

Voici donc (si je ne me trompe moi-même) quelles ont été les idées de réforme que l'erreur a dictées à l'habile et spirituel écrivain. Idées qu'il convient de combattre loyalement et vite, en ce que l'œuvre entière de M. Léon Faucher n'est qu'un triage habilement opéré de tout ce qu'on a écrit et dit avant lui sur la réforme de nos prisons. Circonstance qui en rend aujourd'hui l'examen d'autant plus urgent, que depuis lors le système de la Pensylvanie, c'est-à-dire *l'isolement complet des convicts tant de jour que de nuit*, a trouvé de puissants auxiliaires en France parmi les plus hautes capacités. Voyons donc.

« Les maisons centrales de détention sont *les casernes du* « *vice*[1]. »

On sait déjà que c'est un point décidé parmi nos réformateurs de cabinet et nos cosmopolites enquêteurs. Les maisons centrales de détention sont *incontestablement* de petites Sodomes en miniature. *Voilà le principe :* maintenant partez de là et faites des systèmes ou de l'éloquence, puis après, *plaudite cives*[2] *!*

— « Que ces deux bases fixes, à savoir : — Qu'il faut isoler « les prisonniers pendant la nuit, et leur imposer le travail « avec le silence pendant le jour, ne *sont déjà plus que des* « *banalités*[3]. »

(1) *Journal général des Tribunaux*, 2 et 3 novembre 1836.

(2) Il existe dans ce genre un curieux tableau tracé de main de maître, par un honorable magistrat, dans la *Revue de législation et de jurisprudence* (octobre 1836, mars 1837, page 46). Écoutez bien ;

« Lieux de corruption cent fois pires que les plus infâmes lieux de « débauche! Lieux qui, sous le nom de maisons centrales de déten- « tion, renferment *seulement* séparés par sexe, d'une part les hommes « condamnés depuis un an et un jour de prison jusqu'à dix et vingt « ans de réclusion, et les professeurs maîtres ès-arts en crimes, for- « çats émérites que l'âge rejette des bagnes ; et, de l'autre, les femmes « condamnées depuis un an et un jour de prison jusqu'aux galères « perpétuelles, travaillant aux mêmes ateliers, mangeant ensemble, « et *parquées* dans les mêmes dortoirs, *sentines de l'orgie* la plus hon- « teuse. »

Ne dirait-on pas, à l'audition de cette philippique, que nos pauvres maisons centrales de détention sont traduites sur le banc de la cour d'assises, pardevant laquelle M. l'avocat-général Victor Faucher exerce son ministère ?

(3) Même journal, même date.

Ce qui équivaut à ceci : — La philantropie de ces messieurs a le droit d'imposer *le système d'Auburn* à notre réforme, comme autrefois le seigneur suzerain avait le droit d'assujétir ses vassaux à venir moudre à son moulin.

Mais M. Léon Faucher ignore-t-il donc que le système d'Auburn est déjà tombé en désuétude, et qu'on n'en veut décidément plus? Qu'il lise : — « Aujourd'hui, écrit le célèbre réfor-« mateur Julius, je ne me contenterai plus du système d'Au-« burn ou plutôt de Gand, que notre plan a égalé, puisque nos « cellules solitaires ont le grand avantage d'être assez larges « pour servir d'atelier pendant le jour et de dortoir pendant la « nuit. Je demanderais plutôt un plan aussi ressemblant que « possible (*mutatis mutandis*) au système de Philadelphie, « c'est-à-dire *au principe de la solitude non interrompue pen-« dant toute la période de l'emprisonnement*. Si vous voulez « faire mention de cette opinion comme de ma profession de « foi *actuelle*, qui, je crois, *ne subira plus de changement*, je « n'ai rien à y redire[1]. »

Et moi *je crois* très fermement que si notre gouvernement ne se hâte d'en finir avec les réformateurs, il expérimentera fatalement, en fait de systèmes, la vérité de ce mot du savant docteur, *mutatis mutandis!* Revenons à M. Léon Faucher.

— « La population des prisons en France appartient à la na-« tion LA PLUS SOCIABLE à la fois et *la moins religieuse* des « deux continents. L'action de l'homme s'y doit faire d'autant « plus sentir, que l'on y révère moins le nom de Dieu[2]. »

Evidemment ici, l'erreur et la vérité frappaient simultanément à l'une et à l'autre oreille de leur brillant interlocuteur.

Oui, mille fois oui, le peuple français est le PLUS ÉVIDEMMENT SOCIABLE de tous les peuples du monde, et c'est pour cela que votre agencement cellulaire est un contresens au véritable moyen d'amender vos condamnés, qui, par celà seul qu'ils sont détenus, je vous l'ai dit, n'en conservent pas moins en prison leur caractère de nationalité, et tous les instincts naturels qui

(1) *Revue de Législation et de Jurisprudence*, n° cité, pages 44 et 45.
(2) *Journal général des Tribunaux*, n. cité.

s'y rattachent. C'est, au surplus, ce dont vous êtes tous aussi convaincus que moi, ainsi que nous le verrons plus loin.

Mais est-il bien vrai que notre France soit aussi peu religieuse qu'elle est éminemment sociable? et que par cela même il faille, de toute nécessité, que *l'action de l'homme* se fasse d'autant plus sentir *en prison*, que l'on y révère moins le nom de Dieu?

Quel sera donc alors le *mode d'action de l'homme* que vous emploierez pour régénérer les âmes de vos criminels? Ferez-vous, à la manière d'une philosophie bâtarde et déchue, de la moralité sans religion? Vous N'Y RÉUSSIREZ PAS, et vous n'oseriez le tenter. Sans doute la classe populacière des manufactures est essentiellement irreligieuse, puisque vous l'avez faite ainsi; mais elle n'est pas *savamment matérialiste*, comme cette autre classe de notre pays, dont le scepticisme l'embarrasse plus qu'il ne l'éclaire, et qui consentirait de grand cœur à se montrer croyante, si le respect humain ne l'enlaçait dans sa zone d'orgueil et de factice incrédulité. Chez nous, le peuple des prisons est plus qu'irreligieux; il est impie au plus haut degré; *mais il souffre*, et cela suffit pour le ramener à Dieu, pour peu qu'on sache manier ses douleurs *avec tolérance* par la religion, *avec confiance* par l'instruction.

J'ai émis autre part cette idée, qu'on peut ramener l'incrédulité brutale de nos prisonniers à la *religion* par la *morale;* mais je n'ai pas dit qu'il fallait remettre à *la seule action de l'homme* le soin d'opérer cette œuvre immense de régénération : son autorité n'y suffirait pas[1].

C'est mu par cette conviction que j'ai entrepris, sur la moralité des lois pénales, les conférences[2] dont parle M. Léon Faucher[3]; et l'expérience m'a convaincu sans retour, qu'en démontrant aux condamnés comment les lois humaines n'ont de puissance qu'autant qu'elles se rattachent aux lois divines, on

(1) *De l'Amélioration des Prisonniers dans les maisons centrales de détention*, considérée sous le rapport de la morale, de la religion et de l'intérêt public. Paris, 1831.

(2) Elles sont sous presse.

(3) *Journal général des Tribunaux*, 7 décembre 1836.

infiltre, pour ainsi dire, furtivement et par la magique influence du raisonnement, la piété dans leurs cœurs et *le désir* de croire et d'aimer Dieu.

L'honorable écrivain, partant de cette donnée — qu'il y a deux types caractéristiques de condamnés, à savoir : celui des campagnes et celui des villes, a été conduit à proposer *deux systèmes de réforme, deux classes de prisons, avec des moyens qui différeraient entre eux comme le point de départ*[1]. Parce-que, dit-il, — « *ce ne sont ni les individus ni les moralités* « *que l'on peut trier, mais seulement les populations. Le sys-* « *tème doit séparer les détenus et classer les prisons*[2]. » Il demande donc, comme le *sine quâ non* de la réforme, l'établissement de *pénitenciers agricoles* et de *pénitenciers manufacturiers* [3].

Je ne conçois, je l'avoue, ni la raison ni la possibilité d'une pareille combinaison; tandis que je m'explique fort bien, au contraire, ce qu'elle aurait de follement onéreux, de dangers et d'inutilité.

Quoi ! vous dites vous-même, et vous avez immensément raison : — « En France, où *nul ne fait jamais seul ni le mal ni* « *le bien, où les vices comme les vertus appartiennent plus à* « *la société qu'à l'individu, où l'*EXEMPLE A CENT FOIS PLUS « D'INFLUENCE QUE LA LEÇON; *où l'homme supérieur exerce* « *comme une action magnétique; où une sorte de barrière per-* « *manente* SÉPARE LES CONDAMNÉS DU DIRECTEUR[3], *l'on aban-* « *donne à eux-mêmes des malheureux qui n'ont en propre ni* « *force de résistance ni principe d'impulsion! Que peut-il ré-* « *sulter de ce système, sinon une démoralisation universelle* « *et sans fond?* » — Vous dites tout cela ; vous reconnaissez que L'EXEMPLE a plus *d'influence* que *la leçon;* et parce que les condamnés des campagnes vous paraissent plus amendables, comme étant *plus religieux,* que ceux des villes, dont l'incré-

(1) Même journal, même date.
(2) *Journal général des Tribunaux*, 21 et 22 novembre 1836.
(3) *Ut suprà.*
(4) Ce qui n'est pas exact.

dulité vous épouvante, vous demandez *qu'on les sépare dans des prisons distinctes*[1] ?... Mais qui donc donnera *l'exemple de la piété* dans vos pénitentiaires manufacturiers, si vous en excluez ceux qui croient et qui prient? Sera-ce *l'action de l'homme* dont vous parlez ? Eh ! grand Dieu ! pussiez-vous créer tout un personnel de saints, que leur mission serait infructueuse si, pour corroborer leur exemple à eux, ils n'avaient pas, au milieu de leur bercail, quelques brebis à offrir pour modèle et pour encouragement au reste du troupeau gangrené.

Connaissez donc mieux *l'intérieur* de nos maisons centrales de détention, la *normalité* de caractère des individus qui les peuplent, et vous vous persuaderez bientôt que si elles vous effraient aujourd'hui par leur désordre actuel, c'est bien moins *au mélange des moralités* et au défaut de *classifications* par nature de peine ou *par type d'existence sociale* qu'il faut s'en prendre, qu'au peu de soins qu'on a mis, jusqu'à ce jour, à descendre assez avant dans l'origine de la criminalité, pour y trouver des palliatifs efficaces contre l'invasion de la récidive.

Je sais fort bien qu'on a dit qu'il suffisait d'une seule brebis galeuse pour empoisonner tout un troupeau. Mais ici tout votre troupeau est plus ou moins malade, plus ou moins corrompu ; et ce n'est pas en isolant vos brebis que votre hygiène philantropique les guérira mieux ; car elles échapperont à l'influence de l'exemple que le plus grand nombre donnera de son empressement à se conformer aux prescriptions de vos médecins, si vous osez les choisir de telle sorte que leur talent et leur dévoûment leur mérite la confiance et l'amitié de ceux que vous aurez confiés à leurs soins. Placez cent pestiférés dans des cellules isolées, TOUS y emporteront avec eux le sentiment de la corruption et le désespoir d'y survivre ; mais QU'UN SEUL guérisse au milieu de l'hôpital général, et l'espérance, en ranimant l'énergie morale des autres, en sauvera le plus grand nombre. Est-ce donc que, par hasard, vous auriez rêvé à la possibilité de les sauver tous ? Poursuivons.

Pénétré de votre idée, vous prétendez que « *l'unité admi-*

(1) *Journal général des Tribunaux*, 2 et 3 novembre 1836

« *nistrative que l'on réclame pour les établissements de* « *détention* SERAIT DÉSASTREUSE, *si elle devait avoir pour* « *résultat d'y établir* L'UNIFORMITÉ. »

Je crois que M. Léon Faucher est le seul de tous les écrivains philantropes qui se soit prononcé contre *l'unité* et *l'uniformité* d'un mode quel quel de réforme des prisons. Du moins est-il incontestable que les hommes qui se sont le plus avancés dans cette carrière, ont manifesté une opinion TOTALEMENT opposée à celle-ci. L'honorable M. Bérenger en a fait la pierre angulaire de tout bon système de réforme, et nous partageons sa confiance à cet égard : le pouvoir avisera.

L'auteur dont j'analyse les principes a cru, je ne vois guère pourquoi, devoir aussi, lui, jeter la pierre au gouvernement. — « *Cette pauvre administration,* dit-il, *se tourmente d'avoir* « *toujours quelque chose à faire; elle voudrait se reposer et* « *jouir de son œuvre, et voilà que le siècle ne cesse de lui crier :* « MARCHE ! MARCHE ! » *comme si elle était chargée de représenter pour nous le mouvement perpétuel* [1].

Mais chargez-la seulement, je vous prie, de concilier et d'harmoniser, non-seulement la multiplicité de vos systèmes de réforme entre eux, mais vos propres systèmes en une idée *véritablement constitutive;* et vous verrez, après, si elle n'a pas de fort bonnes raisons pour faire un tant soit peu la sourde oreille aux cris discordants de ce siècle qui lui crie :— MARCHE, MARCHE ! Avec la meilleure volonté du monde, je la défie bien de savoir auxquels conseillers entendre pour ne pas faire fausse route !

M. Léon Faucher, en combattant l'opinion de M. Charles Lucas, *qui s'efforce d'ériger en système les détentions à court terme,* pense qu'*il valait mieux en proposer la suppression;* puis il établit le mode de classification ainsi :

« 1° Les *geôles de canton* pour renfermer, un ou deux jours « au plus, les prévenus ou les accusés, jusqu'à leur translation « dans une autre maison, et les individus condamnés par les « tribunaux de simple police jusqu'à cinq jours de prison ;

(1) *Journal général des Tribunaux*, 6 novembre 1836.

« 2° *Les maisons d'arrêt et de dépôt*, dans chaque ar-
« rondissement, pour renfermer les prévenus et les condamnés jusqu'à un mois de prison ;

« 3° *Les maisons d'arrêt, de justice et de dépôt*, au chef-lieu « de chaque département, destinées à recevoir les *prévenus*, « les *accusés* et les condamnés jusqu'à trois mois de prison, « ainsi que les mendiants et les vagabonds.

« 4° *Les pénitenciers* réservés aux condamnés depuis quinze « mois d'emprisonnement jusqu'à la détention perpétuelle.

« Il y aurait enfin un pénitencier par circonscription de *deux* « *départements*, les femmes et les enfants devant être renfer- « més dans des établissements spéciaux [1]. »

Rien n'est plus arbitraire que toutes ces données sur les diverses théories du mode et de la durée de l'emprisonnement. La question de la réforme n'est pas là. *Toutes les prisons*, quelle que soit leur qualification, doivent comporter un régime pénitentiaire plus ou moins modifié, parceque deux, trois, cinq jours ou un mois d'emprisonnement suffisent à la corruption de ceux qu'on détient, pour peu qu'on les laisse sous l'influence pestilentielle des miasmes impurs qui se développent dans ces antres de l'égalité judiciaire qu'on appelle PRISONS [2].

On reproche encore au gouvernement de ne pas publier, comme en Angleterre, les rapports des inspecteurs des prisons [3]. Cette manie de livrer à la publicité tous les actes des administrations secondaires, ne pourrait amener à rien d'utile, et ne ferait, tout au plus, que satisfaire aux joies caustiques des amateurs de scandale. Ce n'est pas quand on s'efforce d'étudier avec autant de persévérance que de bonne foi une question sociale de cette importance, qu'il convient de livrer ses tâtonnements à la férule haineuse du journalisme. Ses *pensum* ne corrigeraient personne, parceque son professorat manque

(1) *Journal général des Tribunaux*, 6 novembre 1836.

(2) J'ai démontré dans mon *Examen historique et critique des diverses Théories pénitentiaires*, comment il était facile d'imprimer une action réformatrice à tous les lieux d'emprisonnement. (Voyez vol. III, pages 382-398.)

(3) *Journal général des Tribunaux*, n° du 11 novembre.

de convenance et de dignité. Plus tard, quand le système de réforme aura subi l'épreuve de la discussion, et se sera classé définitivement dans les institutions du pays, alors, mais alors seulement, les rapports des inspecteurs pourront sans inconvénient, et même avec avantage, être rendus publics, et le journalisme nous venir en aide. S'il attaque, on saura du moins, pour se défendre, sur quel terrain se placer, et de quelle égide se couvrir.

La question de la possibilité de l'amendement a également attiré l'attention de M. Léon Faucher ; et, après l'avoir développée sous toutes ses formes métaphysiques, voici comment il a formulé son opinion : « Nous croyons fermement qu'il n'y a « point de malfaiteur incorrigible, ni de maladie morale dont « on doive désespérer [1]. »

Nous ne partageons malheureusement pas cette confiance sans beaucoup de réserves ; mais nous sommes également très loin de croire à *la perversité morale* que quelques auteurs attribuent forcément à la condition de condamné. Nous reviendrons sur cette discussion de M. Faucher, pour lui démontrer comment il est en contradiction avec lui-même, en ce qui touche au meilleur système à employer pour la réforme de nos prisons.

Par une déduction toute naturelle du principe fondamental que cet écrivain a posé, savoir : *qu'il y avait deux types de condamnés parfaitement distincts*, il devait recueillir avec une scrupuleuse exactitude les conseils que l'erreur lui donnait à cet égard. Aussi nulle part ailleurs ne nous semble-t-il s'égarer plus complètement que lorsqu'il aborde la question *des classifications*. Il a dit :

— « Le système de classification fait trop et trop peu. En « divisant et subdivisant la prison, *il en détruit la discipline,* « *qui consiste surtout dans la simplicité et la régularité de* « *l'ordre intérieur;* et, d'un autre côté, il a beau multiplier « les divisions, *il ne prévient pas le rapprochement* des dé- « tenus. Tant que deux prisonniers peuvent *communiquer li-*

(1) *Journal général des Tribunaux*, 19 novembre 1836.

« *brement* ensemble, *ils peuvent* se corrompre mutuelle-« ment [1]. »

Tout ce raisonnement manque de logique, et conséquemment de vérité. En subdivisant les prisons par le système cellulaire, qui est le plus haut degré de subdivision, *on ne saurait en détruire la discipline;* car de ce moment elle repose tout entière sur la solidité des verroux et des serrures de chaque cellule, et rien de plus facile et de plus positif que ce moyen pour éviter le danger des émeutes et des voies de fait de la part des prisonniers.

Si, d'un autre côté, la discipline *consiste* SURTOUT *dans la simplicité et la régularité de l'ordre intérieur,* et que *l'abus des classifications* le détruise forcément, pourquoi se plaindre de ce que ce même abus ne prévienne pas le rapprochement des détenus? Car enfin de deux choses l'une. Le rapprochement des détenus est ou n'est pas préjudiciable à la discipline et à la moralisation ; s'il leur est fatal, il n'y a de conséquent que le système cellulaire de jour et de nuit. Mais si ce système détruit l'ordre et la discipline parcequ'il manque *d'unité et de régularité,* c'est que le rapprochement des détenus leur est favorable, au lieu de leur être contraire.

Voici d'où provient le vice de cette proposition : c'est que s'il est incontestable qu'alors que *deux prisonniers peuvent communiquer ensemble,* ILS PEUVENT *se corrompre mutuellement,* il ne l'est pas moins QU'ILS LE POURRONT BIEN MOINS, si vous combinez votre système d'administration intérieure de telle sorte *qu'en les socialisant* sous la double solidarité de la discipline et du travail, ils reconquièrent, sous le poids de la peine même qu'ils doivent *incessamment supporter et sentir,* cette liberté *du bien et du mal faire,* sans laquelle tous vos philanthropiques efforts n'arriveront qu'à en faire de véritables automates manœuvrant le repentir et la vertu sans le sentir ni la comprendre. Ah! renoncez à ce déplorable système cellulaire que vous appelez *la seule douane morale qui réprime les communications,* car, je vous en avertis, la débauche et l'hébé-

(1) *Journal général des Tribunaux*, 21 et 22 novembre 1836.

tement qu'elle provoque passeront en fraude, quels que soient le nombre de vos douaniers et la perspicacité dont ils seront pourvus.

Est-ce à dire que le système de sociabilité que je propose soit infailliblement moralisateur ? Non ; mais il a pour lui assez de rationalisme pour qu'on ne le rejette pas sans examen et sans épreuve, et c'est tout ce que je demande. Je ne sache encore qu'un seul écrivain philantrope qui ait dit, comme autrefois le pape Urbain II au comte Robert-le-Frison : — *Ego sum veritas.* Mais M. Moreau Christophe a pu se tromper comme nous, en conscience et de bonne foi. A lui permis de penser et d'écrire que : — « Si la solution du véritable système péniten- « tiaire ne ressort pas nécessairement de son livre, elle ne doit « ressortir nécessairement d'aucun autre. » Cette confiance en soi a quelque chose d'imposant et de digne, sans doute ; mais, en ce qui nous est personnel, nous n'avons pas le bonheur de la partager.

M. Léon Faucher blâme le système de classification proposé par M. Charles Lucas, et qui consiste, 1° *dans une classe d'épreuve ;* 2° une *de récompense ;* 3° une *d'exception* et *de punition.* Cette classification lui semble même *aller directement contre le but de la réforme,* ce qu'il démontre ainsi :

« ... Quand on ne prononce pas *la séparation absolue* des « condamnés, qu'on les réunit à l'heure du travail, de la prière « et de l'enseignement, c'est apparemment *pour ne pas retirer* « *l'exemple* du milieu d'eux. On a voulu exclure de l'associa- « tion ainsi limitée la contagion du mal, mais non pas *celle du* « *bien.* Or, cette influence ne sera efficace que si elle n'est « marquée *d'aucun caractère officiel.* » — Et pourquoi cela, je vous prie ? Selon vous, c'est que « si vous placez dans une « position particulière, si vous distinguez par quelque adoucis- « sement de régime les prisonniers dociles de la foule des dé- « tenus, *vous excitez l'envie et la haine,* au lieu de faire *naî-* « *tre l'émulation.* » — Dites-nous donc, en ce cas, de quels moyens vous userez pour provoquer *cette émulation ?* Car vous ne niez probablement pas que la production de ce sentiment soit l'un des ressorts pénitentiaires les plus incontestablement indispensables à la régénération de vos criminels? Vous ajoutez : » — Qu'en faisant une classe de choix parmi les détenus, « on rend la foule plus difficile à manier, qu'on lui ôte à la fois « la souplesse et le nerf. » — Mais alors, qu'entendez-vous donc par *émulation*, sinon autre chose que ce nerf de l'âme qui la pousse au désir *de se procurer le bien* dont on voit jouir ses égaux, pour se soustraire *au mal qu'on éprouve?* Et qu'est-ce donc également que cette souplesse dont vous parlez, sinon cette faculté de l'esprit à concourir et à se plier aux actes les plus propres à améliorer sa position? Eh bien! tout cela n'est possible, n'a d'action que dans l'ordre *de sociabilité;* et s'il était vrai que le mieux être qu'on obtient par suite de *l'émulation* qu'on *récompense*, dût produire *l'envie* et la *haine*, ce ne serait pas seulement *en prison* que l'ordre social serait une chimère; mais dans votre monde; à vous, il faudrait que tous les hommes de mérite, de talent et de probité que l'État ou le souverain stygmatisent par des distinctions aux yeux de la populace des ignorants et des fripons, ne marchassent plus qu'un poignard à la main pour écarter d'eux l'envie et l'assassinat.

Non, non; la classification que demande M. Lucas, et avec lui tant de bons esprits, n'a rien que de fort utile et de fort conséquent : parceque *l'amour-propre* est incontestablement le premier et le plus puissant instinct social, et qu'ainsi que l'avance M. Léon Faucher lui-même, — « il est permis d'espé- « rer que là où la lumière individuelle vacille ou s'éteint, on « fera briller avec succès le flambeau social[1]. »

Ce philantrope n'admet, quant à lui, dans le système des prisons pénitentiaires, ni la classe de punition ni la classe de récompense[2], parceque — *la récompense est ailleurs que dans la prison.* — Il y a tantôt deux mille ans qu'on dit à l'homme qui souffre par la misère, l'injustice et la débilité du corps, que *sa récompense est ailleurs que sur la terre.* Faut-il donc que, pour sauver son âme avec plus de certitude, on lui enlève, comme un obstacle à son salut éternel, toutes les jouissances que son

(1) *Journal général des Tribunaux*, numéro du 19 novembre.

(2) *Journal général des Tribunaux*, numéro du 21 au 22 novembre.

créateur a liées à l'usage bien entendu de ses passions et de ses sens? Mais alors les tyrans seraient un signe d'amour de la providence, et le bourreau son ange de rémunération!

Quoi! pour le détenu, — *la récompense est ailleurs qu'en prison?* et l'on a écrit ces remarquables et douloureuses paroles :

— « Si les détenus, purifiés par le châtiment, pouvaient *en-« suite rentrer dans le monde;* si le repentir tenait lieu d'inno-« cence dans les mœurs civiles aussi bien que dans la commu-« nion religieuse, on aurait assez fait en les amendant. Mais « puisque *tout condamné est un banni à qui le préjugé social « interdit véritablement le* FEU *et* L'EAU, il faut bien lui ouvrir « un asile HORS DE LA SOCIÉTÉ, si l'on ne veut pas l'exposer aux « tentations de la faim et aux suggestions du désespoir[1]. »

Ainsi, *cette récompense qui se trouve ailleurs qu'en prison,* et que vous réservez au malheureux détenu qui se repent, c'est d'être définitivement rejeté HORS DE LA SOCIÉTÉ. Merci pour lui! Et vous parlez de *régime pénitentiaire?* et vous argumentez *sur la réforme des prisons?* Mais n'allez pas dépenser votre beau talent d'écrivain à tant de temps perdu? Réclamez tout simplement quelques colonies désertes où vous puissiez bannir *la masse de vos condamnés,* sans acception de la gravité du délit; et d'un seul coup vous aurez sauvé à l'État les cinquante à soixante millions que va lui coûter votre système cellulaire, si tant est qu'il ait le malheur de se ranger à cet avis.

On n'admet, dans le système pénitentiaire, ni classe de punition ni classe de récompense, et l'on écrit :

— « Avec des caractères mobiles et passionnés, *la récom-« pense réussit mieux que le châtiment.* Les détenus américains « travaillent sans recevoir le plus léger salaire; les détenus fran-« çais ne travailleraient pas ou travailleraient fort peu s'ils n'a-« vaient un intérêt dans le produit du travail[2]. »

Si vous ne concevez d'autre genre de récompense que le droit de participer, pour le détenu, à la répartition plus ou moins forte

(1) *Ut suprà*, numéro du 2 au 3 novembre.
(2) *Journal général des Tribunaux*, numéro du 27 novembre.

du produit de main-d'œuvre de son travail, savez-vous ce qu'il en arrivera ? C'est que, ainsi que l'expérience le démontre, les plus mauvais sujets seront récompensés, parcequ'ils sont partout en prison ceux qui travaillent le mieux et gagnent le plus d'argent. Mais ce n'est pas là le seul genre de récompense que vous approuviez, puisque vous dites encore :

— « L'éducation du pénitencier agissant par les influences « collectives et par les influences individuelles, par la médita- « tion et par l'enseignement, PAR L'EXEMPLE et par la règle, a « un système de *récompenses* et un système de *châtiment*[1]. »

Puis vous établissez votre série de récompenses et de punitions, sans vous apercevoir que vous formez, non pas trois classes seulement, mais autant de classifications différentes que vous punirez ou vous récompenserez diversement vos malheureux prisonniers. Vous ne voulez point de classification par nature de moralité, parceque vous vous êtes dit : — « Un général « qui aurait incorporé tous ses bons soldats dans *les compagnies « d'élite*, à la veille d'une bataille, en formerait assurément « d'excellentes colonnes d'attaque ; mais s'il était attaqué lui- « même, comment résisterait-il avec des masses énervées[2] ? »

La réponse est bien facile. Un général qui, ayant à livrer bataille, se conduirait comme vous le supposez, ne serait qu'un fort mauvais général ; mais cela n'empêcherait pas que *l'exemple* des compagnies d'élite n'entraînât d'enthousiasme *les masses énervées* du centre, et ne leur méritât des récompenses et des gratifications.

Vous ne voulez point de classes privilégiées en prison[3], et cependant vous demandez qu'il s'y forme *un jury d'élection* choisi parmi les détenus dont la conduite aurait été sans reproche un mois entier, lequel jury serait appelé *à désigner les candidats aux grades de la prison*. C'est fort bien ; mais toutes ces choses ne sont réalisables que par le mode de classification que vous blâmez.

(1) *Journal général des Tribunaux*, numéro du 7 décembre.
(2) *Ut suprà*, numéro du 21 et 22 novembre.
(3) *Journal général des Tribunaux*, numéro du 21 et 22 novembre.

M. Léon Faucher, dont le raisonnement, sinon la conviction, oscille tantôt pour, tantôt contre le système cellulaire, critique cette assertion de M. Sallaville, directeur de Clairvaux, que — « deux heures de méditation solitaire peuvent enseigner plus de « mal que vingt leçons des coquins les plus habiles. » — Soutenant pour son compte que — « la conversation de deux bandits, « cette méditation *en commun*, lui paraîtra toujours plus dange- « reuse que les réflexions intimes d'un malfaiteur isolé[2]. »

Je ne partage pas cette dernière opinion, tant je suis convaincu de l'extrême justesse de l'observation de M. Sallaville, *eu égard à la nature d'individus dont il s'agit*. Et, d'ailleurs, il n'est pas exact de dire que la *conversation de deux bandits* est *une méditation en commun ;* conversation et méditation sont deux termes qui impliquent contradiction dans leurs rapports logique et grammatical ; en un mot, dans tout ce que vient d'écrire M. Léon Faucher sur la réforme des prisons, il nous semble démontré qu'il n'a failli qu'à défaut de connaître assez le caractère normal des condamnés, et qu'il n'en a jugé que par les habitudes des hommes en état de liberté, ce qui est bien différent.

Ainsi pour lui :

Le système de Philadelphie, c'est-à-dire l'isolement de jour et de nuit, n'a aucun des inconvénients qu'on lui reproche, et la preuve qu'on ne peut douter « de l'influence bienfaisante « qu'exerce la solitude sur l'âme des condamnés » résulte tout simplement de ce que M. Faucher a lu dans l'ouvrage de MM. de Beaumont et de Tocqueville ces *paroles touchantes* d'un détenu : — « C'est avec joie que j'aperçois la figure des surveil- « lants qui visitent ma cellule. Cet été, un grillon est entré dans « ma cour, il me semblait avoir trouvé en lui un compagnon. « Lorsqu'un papillon ou tout autre animal entre dans ma cel- « lule, *je ne lui fais jamais de mal*[2]. ».

Il faut être juste, l'ingénieux critique était de force à laisser *ce genre de preuve* à la factorerie des compagnies de commerce

(1) Idem, numéro du 25 novembre.

(2) *Journal général des Tribunaux,* numéro du 25 novembre 1836.

en littérature romantique. Du reste, il faut bien le remarquer, les partisans du système de Cherry-Hill, effrayés des résultats produits par le solitary-confinement, n'ont pas manqué de dire que leurs antagonistes étaient de mauvaise foi; et que, du moment où le reclus devait journellement recevoir dans sa cellule la visite d'un grand nombre de personnes[1], il n'y avait pas à proprement parler *d'isolement absolu*[2]. Mais si toutes ces visites ont tant d'influence contre les dangers de la solitude, d'où vient donc que vous citez avec tant d'empressement l'exemple de ces malheureux qui ne trouvent d'adoucissement à leur cruelle position que dans la bienvenue d'un grillon ou dans la culture d'un brin d'herbe poussé à travers les dalles humides de leurs cachots? D'où vient donc que plusieurs deviennent fous? Ne voyez-vous donc pas que vous confondez ici la solitude ou l'isolement de l'âme avec la solitude ou l'isolement du corps? Eh! sans contredit, il n'y a pas solitude physique pour l'individu qu'une foule de curieux viennent ennuyer de leurs admonitions ou de leur incapacité conseilleuse; mais du moment où vous entrez dans sa cellule, IL CESSE D'ÊTRE LIBRE et devient hypocrite par instinct de position. Toutes ses réponses, tous ses

(1) Aux États-Unis, les visiteurs officiels sont: « Le gouverneur de « l'État, les orateurs et les membres du sénat et de la chambre des repré- « sentants, le secrétaire-d'état, les juges de la cour suprême, le procu- « reur-général et ses substituts, les présidents et juges de toutes les cours « de l'État, les maires et recorders des villes de Philadelphie et de Lancas- « ter; les commissaires et schériffs des comtés, et le comité actif de la So- « ciété de Philadelphie, pour l'allégement des misères des prisons publi- « ques. » (Rapport de MM. Demetz et Blouet, page 95.)

(2) « C'est donc à tort que l'on a appelé, jusqu'à présent, ce régime « d'emprisonnement *l'isolement absolu*, ou *l'emprisonnement solitaire*. « Les détails que nous venons de donner font comprendre parfaitement « qu'il n'y a ni isolement ni solitude dans le sens rigoureux de ces mots. « Il est donc plus juste de l'appeler, comme nous avons déjà fait, le sys- « tème de la séparation absolue et continue des prisonniers entre eux. » (Même rapport, page 24.)

Eh bien! c'est précisément ce dernier système que je crois devoir combattre, comme le plus complètement préjudiciable au véritable et durable amendement des condamnés.

témoignages d'amendement sont autant de mensonges dont il berce votre crédibilité philantropique; il n'a pas cessé *d'être soi,* bien qu'il affecte de vous paraître meilleur, parcequ'il n'a pas cessé d'être esclave; et que, privé de la libre manifestation de ses penchants, bons ou mauvais, il n'a pu se manifester tel qu'il est pour le repentir ou pour la perversité. Cet enfant mutin s'est-il amélioré parcequ'il demeure attentif et silencieux en face de la férule de son professeur? Ce soldat ivrogne et crapuleux au milieu des orgies du cabaret ou du prostibule, est-il devenu tempérant et sage parceque là, en présence de son colonel, il se tient sans bouger dans le rang à l'ombre de son drapeau? Ce jeune homme usé de vices et de libertinage sera-t-il désormais vertueux et modeste parceque, durant les quelques mois qu'il passe dans sa famille face à face avec son vieux père, il n'ose insulter à ses cheveux blancs? NON; mais faites que cet enfant, ce soldat et ce jeune homme, rentrés dans le cercle de leurs habitudes, y rougissent de leur inconduite PAR L'EXEMPLE de la bonne conduite de leurs camarades; et s'ils améliorent leur vie passée, VOUS SEREZ SURS alors de la sincérité de leur amendement, parcequ'il aura été le fruit nécessaire de leur libre arbitre bien dirigé, bien conseillé, bien impressionné. Ainsi de vos prisonniers. Laissez-les vivre libres au milieu de leurs fers mêmes; et SI VOUS SAVEZ les soustraire aux influences contagieuses du crime et de l'impureté, le petit nombre de ceux qui vous résisteront ne s'amenderait JAMAIS sous aucune espèce de système de réforme.

Ainsi donc quand vous dites : — « Le plus grand mal, celui « qui révolte les esprits éclairés et soulève depuis longtemps « les réclamations de tous les amis de l'humanité, celui qui me- « nace le plus dangereusement la sûreté du pays, c'est la dé- « moralisation résultant *du mélange*, dans les mêmes prisons, « de tous les condamnés, quelle que soit la différence de leur culpabilité, celle de leur peine ou de leur âge [1], VOUS VOUS TROMPEZ; car l'expérience a démontré sans réplique que si *le mélange* dont vous vous plaignez est fatal à quelques prison-

(1) Rapport de MM. Demetz et Blouet, page 6.

niers, c'est toujours et partout à ceux que la justice a flétris d'un plus large sceau d'infamie. Vous dites encore[1] : — « Quel « que soit le caractère du condamné (dans le système de la « Pensylvanie), il est amené forcément à faire un retour sur « lui-même. L'homme isolé ne rougit plus de se laisser aller « AUX PENCHANTS DE SA NATURE, qui sont, en général, plutôt « bons que méchants. Si tout sentiment de morale et de reli- « gion n'est pas éteint en lui, il y revient inévitablement ; car « il se trouve alors aux prises avec sa conscience, qui est la « voix de Dieu[2]. » — Mais il y a dans ce peu de mots : « *L'homme isolé ne rougit plus de se laisser aller aux pen-* « *chants de sa nature* », une condamnation sans appel du système que vous défendez ; car il y a évidemment erreur à avancer, *qu'en général*, les penchants des hommes qui peuplent les prisons sont plutôt bons que méchants ; il sont, comme tous les autres hommes, LA CONSÉQUENCE FORCÉE de leur manière d'être antérieure. Dans l'isolement, l'amant pense à sa maîtresse, le joueur à son tapis vert, le poète à sa muse, le voleur à ses mécomptes, l'athée au Dieu qu'il maudit, le géomètre à ses compas, l'assassin au regret d'avoir manqué sa victime, ou au souvenir voluptueusement féroce du sang qu'il a versé ; le philosophe à ses utopies, le prêtre aux dogmes de sa foi, le ministre à son portefeuille perdu, et tout cela de la même manière et par la même raison qui faisait penser M. de Lafayette à révolutionner le monde, et s'écrier à Galilée que la terre se mouvait.

Quand donc vous poserez pour bases de vos convictions en faveur du système de Philadelphie, cet axiôme : que — *la solitude est favorable à la réflexion, à la méditation, à la prière et à la lecture*[1], laissez-moi vous le répéter : — Vous VOUS TROMPEZ !... En ce sens du moins que la *méditation* et la *réflexion* puissent jamais amener à une régénération morale l'espèce d'individus que vous voulez amender.

Poursuivons avec M. Léon Faucher.

(1) Rapport de MM. Demetz et Blouet, page 35.
(2) *Ut suprà*, page 35.

Pour lui encore, le mode d'entreprise générale du travail, de la nourriture, de l'entretien et de la *santé des détenus* est inadmissible. — « Quand un seul homme tient ainsi la prison « à ferme, il y est bientôt TOUT-PUISSANT ; il dispose des *dé-« tenus* par les gratifications, des *gardiens* par la distribution « de vivres, et peut *annuler*, QUAND IL LUI PLAÎT, l'autorité « du *directeur*. Le contrôle que l'on exerce sur lui se réduit *à « une pure formalité.* »

Quand on crée un système de réforme, comme l'abbé Raynal écrivait l'*Histoire générale des Voyages*, il est tout naturel qu'on se fasse l'écho des mensonges d'autrui. Toutefois il y aurait sinon justice, du moins convenance *à vérifier* les faits dont la redite peut porter atteinte à la considération de plusieurs citoyens honorables. Or, si dans son éclectisme philantropique M. Léon Faucher avait cru devoir *vérifier* cette accusation autrement que dans quelques-uns des écrits qui lui ont paru le mieux cadrer avec son génie particulier d'invention, il *se fût convaincu* que *toute la population de pénitencier* s'entendît-elle pour conférer à *l'entreprise* le pouvoir autocratique dont il parle, *il lui serait impossible de l'exercer*, tant l'organisation administrative de ces établissements apporte d'entraves à cette espèce de collusion.

— « M. Marquet-Vasselot, » écrit M. Léon Faucher, « ayant « remarqué que les individus qui alimentent le plus spécialement « les prisons sont accoutumés à se vautrer dans une sorte d'or-« dure héréditaire, qu'on les contrarie et qu'on les irrite même « en exigeant d'eux toutes les petites observances qu'entraîne « la propreté, *n econseille pas de faire violence à leurs goûts sur « ce point.*

« Voilà un *étrange scrupule*, et c'est pousser bien loin le « respect de la liberté. M. Vasselot *oublie* que nos soldats, qui « sortent du peuple comme les prisonniers, se plient très « promptement à ces habitudes, par cela seul qu'ils les trou-« vent établies.

« Pourquoi la discipline qui réussit dans les casernes n'au-« rait-elle pas le même succès dans les prisons? L'éducation, « qui craindrait de *contrarier les penchants* les plus dépravés,

« qui composerait avec le vice et qui éviterait de les réformer,
« ne serait pas l'éducation [1]. »

D'après cette singulière citation, j'ai le droit de répondre *qu'en fait de scrupule* il en est un qui me sert constamment de guide dans mes écrits : c'est de ne jamais dénaturer les paroles de ceux que je combats.

Voici ce que M. Marquet-Vasselot a écrit :

« Ce qui, en général, affecte le plus désagréablement les « étrangers admis à visiter nos prisons, c'est le défaut de pro- « preté, plus particulièrement remarquable dans la tenue des « détenus. Ils ont des cheveux mal peignés, une longue barbe, « une figure et des mains terreuses, des vêtements débraillés « et souvent en lambeaux ; ils font peur à voir ; et l'idée que « chacun se fait que ces haillons dégoûtants servent d'enve- « loppe à des vices plus dégoûtants encore, trouble instinctive- « ment la pitié des visiteurs, et bien souvent la change en haine « pour ces malheureux ! Mais, qu'au milieu de cette tourbe de « fantômes effrayants se présente à leur vue un détenu soigné « dans sa mise, aux mains blanches, au regard décent, au teint « lisse et blanc, voilà que tout-à-coup leur pitié se réveille, et « qu'il cherchent, pour le lui offrir, le généreux secours qu'ils « ont oublié de laisser échapper en faveur des premiers ! »

« Cependant leur charité se trompe, et va grossir les res- « sources d'un bandit libertin, au détriment d'un pauvre hu- « milié.

« Et comment cela ? C'est que pour avoir commis un crime « ou un délit, on ne perd pas pour cela ses habitudes de toute « la vie ; et qu'il est, pour ainsi dire, dans la nature des indivi- « dus qui alimentent le plus spécialement nos prisons, de se « vautrer dans une sorte d'ordure héréditaire ; comme il est « dans l'essence des gens nés dans l'une des classes élevées de « la société, de se perpétuer dans une sorte d'élégance de cou- « tumes et de mœurs, dont ils ne se déshabituent jamais totale- « ment, même en prison.

« D'où la vérité de cette expérience que j'ai été à même de

(1) *Journal général des Tribunaux*, numéro du 30 novembre 1836.

« renouveler plusieurs fois : que forcer les hommes du peuple *à* « *toutes les petites observances* qu'entraîne la propreté, c'est « les contrarier, les irriter même; tandis que pour les hommes « du monde, les en priver, c'est les frapper du châtiment qu'ils « redoutent le plus, et parfois même leur rendre leur position « totalement insupportable.

« Deux choses donc à éviter dans cette occurrence : le *luxe* « ou la *coquetterie*, d'une part ; et de l'autre, LA NÉGLIGENCE « et LA MALPROPRETÉ [1]. »

Maintenant les lecteurs de M. Léon Faucher, et il doit en avoir beaucoup, jugeront de la nature des scrupules de M. Marquet-Vasselot ; et s'il avait eu le malheur d'oublier *que nos soldats se plient très promptement à toutes les habitudes de la propreté*, il n'a pas celui d'ignorer qu'il n'existe pas une seule de nos dix-neuf maisons centrales de force et de correction qui ne soit *incontestablement* plus propre que la plus propre de toutes les casernes de nos régiments.

Tout en reconnaissant que les moyens gymnastiques employés en Angleterre et ailleurs ne sont parfois *qu'un stupide et barbare traitement*, M. Léon Faucher me reproche de m'être jeté dans l'extrême opposé, en demandant qu'on rendît les récréations de la prison attrayantes, et que l'on permît, par exemple, le jeu de paume ou le jeu de volant. Et pourquoi cela? C'est que — « *la gymnastique ne doit être ni une récompense, ni une peine, mais bien un exercice pour des hommes condamnés* [2]. »

Mais, à son tour, M. Léon Faucher n'aurait-il pas oublié ces petits carrés de terre qu'il veut qu'on donne à cultiver à chaque détenu? Je ne vois pas bien nettement quelle si grande différence il aperçoit, en fait de gymnastique, entre manier un sarcloir ou tenir une raquette. Pense-t-il donc que l'action d'aller puiser de l'eau pour arroser des fleurs soit moins une récompense gymnastique, que de se pousser une balle ou un volant?

Tout ce qui suit sur l'influence des fleurs dont les treillis gar-

(1) *Examen historique et critique*, vol. 1er, pages 268, 269 et 270.
(2) *Journal général des Tribunaux*, numéro du 30 novembre 1836.

nissent les murs d'une prison sans rendre la peine du condamné moins sombre ni moins amère, est, comme tout le reste, séduisant de style et d'images, mais n'en révèle que plus l'embarras où se trouve l'écrivain de concilier l'ensemble de ses idées d'une manière uniforme. Car enfin, *si l'on peut sans danger, dans les maisons pénitentiaires,* accorder aux détenus qui n'auraient pas enfreint la discipline la faculté de cultiver de petits jardins; si l'on trouve dans cette tolérance le moyen de développer en eux des émotions douces, et de les prédisposer aux plaisirs qui ne troublent pas les sens, je ne vois pas trop pourquoi on se constitue si hautement l'apologiste du système cellulaire de Philadelphie; pourquoi l'on prône, d'après Milbank et M. Charles Lucas, les promenades à la *file* ou en *rond*, ou en *rang*, comme LE SEUL MOYEN d'empêcher *des communications* qui corrompent les condamnés *presque autant* que les RELATIONS MONSTRUEUSES DES DORTOIRS COMMUNS [1].

Au nom de Dieu, décidez-vous une fois pour toutes, et dites-nous clairement et précisément ce que vous voulez, de l'isolement *complet*, *combiné*, *mitigé*, suivant tel ou tel réformateur, ou du système de *sociabilité* largement adopté que je vous propose? Sur ce dernier point, vos raisonnements disent OUI, vos conclusions disent NON. Savez-vous que cela est extrêmement embarrassant pour ce pauvre pouvoir à qui vous criez si impérieusement : Marche ! marche !

En vérité, les hommes d'esprit sont singulièrement dangereux, quelque cause qu'ils embrassent; il faut se défier de M. Faucher.

Les utopies architecturales inventées par quelques philantropes bâtisseurs ont, comme tout le reste, attiré l'examen du critique; et convaincu de la difficulté de pouvoir disposer convenablement l'intérieur de nos prisons actuelles en divisions et subdivisions cellulaires, il en est venu à démontrer ce nouvel axiome', que — « *l'économie consistera donc à bâtir.* »

Oui, sans aucun doute, si l'on persiste à se fourvoyer dans l'une des fausses voies qui nous sont ouvertes; mais non, si l'on

(1) *Journal général des Tribunaux*, numéro du 30 novembre 1836.

a le courage de se soustraire au cauchemar américain, anglais et suisse, dont le triple faix comprime tellement notre poitrine, qu'il empêche notre cœur de battre en liberté, et ravit à notre cerveau jusqu'à la faculté de penser par nous-mêmes.

Pour convaincre M. Léon Faucher de la légèreté qu'il apporte quelquefois à censurer notre système actuel des prisons, cette phrase suffira : — *Le tiers des détenus est toujours prêt à s'enrôler dans le service de délation* [1]. Rien de plus contraire à l'expérience de ceux qui *savent les prisons*, comme cette assertion hasardée. Tout directeur qui bâtirait son système de police intérieure sur la coopération de quelques détenus, par *l'espionnage*, serait infailliblement en butte AU MÉPRIS de ceux qu'il achèterait, et *constamment trahi* par eux. Il n'y a guère que dans le monde où le vil métier d'espion se fasse avec dévouement; parceque, dans le monde, il procure parfois de L'ARGENT pour en supporter la fatigue, et DES HONNEURS pour en voiler l'infamie.

Il faut plaindre aussi l'illusion où se laisse aller M. Léon Faucher, lorsqu'il adopte le système d'isoler chaque condamné à son arrivée en prison, pour en scruter les penchants et les mœurs pendant huit jours, avant de l'admettre comme citoyen de cette cité de réprouvés. Sans doute, — *Dieu « lui-même cesserait de nous sembler tout-puissant s'il n'é« tait présent partout, et s'il ne lisait dans les plus intimes « replis du cœur.* » Mais c'est un secret qu'il s'est réservé, et que vous découvrirez d'autant moins aujourd'hui, que la civilisation a créé l'hypocrisie, et en a fait une science que *les prisonniers* ont approfondie avec une inconcevable perspicacité [2].

Il en est de même encore de cette autre perfectibilité rêvée par nos réformateurs utopistes, à savoir, qu'il faut « que les « antécédents et le nom même de chacun des détenus soient « ignorés de leurs compagnons d'infortune. » — Vous dites [3] : « Pourquoi l'homme qui rougit d'un crime commis ne trouve-

(1) *Journal général des Tribunaux*, numéro du 7 décembre 1836.
(2) Voyez *Examen historique et critique.*
(3) *Journal général des Tribunaux*, 7 décembre.

« rait-il pas, dans le silence et dans le secret de la discipline, « un asile pour ce sentiment de pudeur? Que les détenus ne « soient connus dans la prison que par leur nom de baptême, « vous arrêterez ainsi, dès le principe, les liaisons dangereuses « qui se formeront au sein de la détention. »

Pourquoi? C'est tout bonnement que c'est *impossible*, sauf l'adoption du système d'isolement complet des convicts la nuit et le jour : système *anti-réformateur* et *anti-social*, s'il en fut jamais, et dont le ciel nous préserve!

Aussi est-ce là l'une des considérations les plus décisives que les partisans de l'isolement complet fassent valoir en faveur de leur système. Écoutons encore M. Demetz (même rapport, page 35) — : « Un autre inconvénient grave du système d'Au- « burn, et qui a toujours été signalé comme la cause la plus « féconde des récidives, c'est la faculté qu'ont les condamnés « de se reconnaître dans le monde après leur libération; fa- « culté funeste dont tant de fois des criminels endurcis ont « abusé, pour entraîner, dans la complicité de nouveaux forfaits, « des individus qui, sans cette influence pernicieuse, seraient « restés dans les bornes d'une existence régulière. »

A toute force, on peut comprendre qu'aux États-Unis, où la facilité de vagabonder de prisons en prisons, sous un nom supposé, donne tant de moyens aux criminels d'échapper au stygmate de la récidive, il ait paru rationnel de les empêcher de se connaître durant le temps de leur détention. Mais en est-il de même en France, où l'on ne peut taire son véritable nom sans danger, où l'exposition publique révèle celui du condamné, son domicile et la nature de sa peine, où la *Gazette des Tribunaux* l'affiche au pilori du monde entier?

Or, la question n'est pas (même dans votre opinion) d'ôter aux prisonniers tout moyen possible de se connaître en prison, mais d'éviter qu'ils ne sachent entre eux qu'ils y ont été mis; et c'est ce que vous n'obtiendrez jamais, parceque jamais vous ne ferez que la clameur publique n'ait pas la voix plus forte que vous, et le cœur plus méchant, si je puis m'exprimer ainsi.

Voyons maintenant comment M. Léon Faucher aborde et

conçoit la grande question du *régime moral* et du *personnel* [1].

« Quel que soit, dit-il, le mérite des agents de l'administra-
« tion dans nos prisons, ils ne croient pas, *en général*, au sys-
« tème pénitentiaire ; si l'administration, en réformant l'éta-
« blissement pénal, *prétendait se servir* D'EUX indistinctement,
« elle s'exposerait à faire mettre en question ou ses lumières ou
« sa bonne foi. »

Cette espèce d'ostracisme contre les employés supérieurs actuels manque de convenances et de justice. S'il en est, et il y en a, comme moi, par exemple, *qui ne croient pas au système pénitentiaire*, c'est qu'ils ont la conviction qu'on se jette dans une fausse route; et comme ce ne peut être chez eux qu'une affaire *de conviction*, et conséquemment *de conscience*, il n'est pas probable qu'ils y renoncent, dans l'intérêt de se conserver des emplois plus difficiles à remplir qu'à leur envier.

Oui, Monsieur, « *l'enseignement*, *l'industrie*, *la magistra-
« ture et l'armée fournissent assez de candidats* », mais tout autant qu'ils n'arriveront pas, de prime abord, aux premiers rangs de l'administration des prisons, et qu'ils auront été soumis à cet enseignement d'une école normale *ad hoc*, que depuis plusieurs années M. Charles Lucas réclame comme une nécessité de la réforme.

Mais cet enseignement, comment l'entendez-vous? Le voici :

« Nous proposons *de puiser*, pour le gouvernement des pri-
« sons, aux mêmes sources où va se recruter l'enseignement ;
» c'est dans les écoles normales établies au chef-lieu de chaque
« département que viennent se former les maîtres qui doivent
« *régénérer* la première instruction. Pourquoi ne pas prendre
« de même dans ces séminaires laïcs les surveillants des péni-
« tenciers? Quelle plus belle carrière pour ces jeunes gens, et
« quelle classe d'hommes conviendrait mieux à de telles fonc-
« tions? »

En demandant que le gouvernement allât chercher une partie du personnel de ses prisons *dans l'enseignement*, il était on ne peut plus conséquent que vous indiquassiez les inspecteurs

(1) *Journal général des Tribunaux*, 14 décembre.

de l'Université, comme les plus propres à inspecter les prisons pour — « *y contrôler* les données fournies par les inspecteurs « locaux, remonter la machine, parler aux chefs de tradition « ainsi que de progrès, et renouveler l'impulsion. » — Dieu me garde, Monsieur, de me croire un homme de mérite, et d'avoir la prétention d'expliquer Tacite ou Platon aussi facilement que MM. les inspecteurs-généraux de l'Université royale de France; mais, en vérité, je vous le dis, si je me trouvais dans la nécessité de subir de leur part l'enseignement pénitentiaire, il se pourrait fort bien que *mes compositions* fussent moins chargées de *barbarismes*, et mon style de *concetti*, que les *corrigés* que mes maîtres me laisseraient pour modèles en me quittant. Je m'en rapporterai donc mieux, s'il vous plaît, à — « *ces fonc-* « *tionnaires parisiens* », qui, bien qu'ils ne se présentent pas à chaque moment dans nos prisons, n'y recueillent pas moins, soit dit sans vous fâcher, d'excellents renseignements *sur l'administration et sur l'organisation.*

Notre clergé ne vous va pas en ce que, — « jeté pour un « temps hors des voies du monde, il a perdu le sens du mou- « vement social, et garde les traditions du passé, ainsi que « Laban gardait ses idoles par avarice plutôt que par zèle reli- « gieux. »

Il y aurait beaucoup de choses à répondre à ce haut dédain envers le clergé; mais *non est hic locus :* sans doute il sera toujours difficile de trouver un aumônier de prison tout-à-fait à la hauteur de sa mission auguste; mais il y a loin de la *difficulté* à *l'impossibilité*. CHERCHEZ, VOUS TROUVEREZ.

Le peu de confiance que cet écrivain porte à nos prêtres catholiques devait conséquemment rejaillir sur son opinion relative à l'emploi de congrégations religieuses comme moyen de surveillance intérieure de nos pénitenciers. Et pourquoi? C'est que, — « dans un pays où l'enseignement de la jeunesse « n'appartient point aux ordres monastiques, *il est complète-* « *ment impossible* de les charger de l'éducation des condam- « nés. » Mais qui parle *d'ordres monastiques?* Ce ne sont ni M. Bérenger, ni M. Lucas, ni moi. Ce que nous demandons, ce sont *des corporations religieuses* SPÉCIALEMENT VOUÉES à la surveillance des prisonniers. Vous n'en connaissez point « qui « soient à la hauteur de cette mission ? » — Ni moi non plus ; mais qu'on en appelle, et il s'en présentera dont le zèle sans bornes et le dévouement absolu vous vaudront cent fois plus de succès que tous vos apprentis maîtres d'école, dont l'intervention dans le mécanisme de la réforme ne ferait jamais qu'en entraver la marche, par le philosophisme pédant qui caractérise presque toujours le demi-savoir, l'inexpérience et les demi-convictions.

La grave question des pénitenciers pour les condamnés en état de récidive ne pouvait échapper à l'investigation de M. Léon Faucher, et il la développe presque toujours avec une grande sagacité de jugement ; puis enfin, il termine par ces paroles où nous allons trouver le principe de son système[1] :

« — Humanisons la peine, mais gardons-nous de l'affaiblir. « C'est le moment de la fortifier, au contraire, puisque, aussi « bien, *la morale* de nos jours *ne parle plus qu'au nom de* « *l'homme*, et que DIEU *n'est plus redouté même des malfai-* « *teurs*. C'EST LA LOI QUI RÈGNE ; ELLE RÈGNE SEULE, ELLE « EST ABSOLUE : ne craignons pas de lui donner des armes « trop puissantes. Plus elle aura de *force*, et moins *cette force* « aura besoin de se déployer. »

Osons le dire, si c'est d'après ce programme que vous avez construit votre édifice pénitentiaire, il s'écroulera de fond en comble, si jamais il advient *une seule fois* que vous puissiez l'élever jusqu'au faîte. Quoi ! c'est au prêche d'une morale dépouillée de l'autorité divine que vous irez demander à vos criminels de se régénérer par le repentir ? c'est dans *la force de la loi* que vous irez chercher des armes que Dieu n'aura point trempées pour vaincre la dépravation des cœurs que vous voulez amender ? Ne voyez-vous donc pas que c'est donner *au bourreau* la seule action moralisatrice dont vous puissiez user ? or, *comprimer par la crainte du châtiment*, ce n'est pas *régénérer par la puissance du repentir*, seule condition à laquelle il vous soit possible de recevoir avec sécurité les malheu-

(1) *Journal général des Tribunaux*, 16 décembre 1836.

ceux que la fin de leur ban rejettera parmi vous. Sans aucun doute, l'INTIMIDATION est un ressort prodigieux pour l'accomplissement de la réforme ; mais employé seul *comme force humaine*, il se brisera contre les âmes de fer qu'il voudra mouvoir dans une direction sociale totalement opposée à celles où elles auront depuis longtemps pris l'habitude de se fourvoyer. Ah ! croyez-en ma vieille expérience : des hommes de cette trempe, s'ils vous paraissent insensibles à la voix de la religion, dans leur état déplorable d'avilissement et d'incrédulité, c'est, je vous l'ai dit, *que vous les avez faits ainsi*, et qu'en effet il vous faut renoncer à aucune espèce de résultat pénitentiaire pour la majeure partie de vos condamnés actuels; mais ce n'est pas pour eux que vous devez édifier, c'est pour ceux à qui vous aurez donné, *dès leur enfance*, une éducation profondément religieuse, parcequ'alors on retrouvera dans leurs premières impressions, quand ils auront failli, des souvenirs pour l'honneur et pour la vertu. DE L'ÉDUCATION POUR LE PEUPLE ET DES ASILES POUR LES LIBÉRÉS : voilà les deux termes les plus explicites de toute possibilité d'un véritable système pénitentiaire. En deux mots, pour le présent comme pour l'avenir, PRENEZ DIEU POUR GUIDE OU RENONCEZ A MARCHER.

Et d'ailleurs, est-ce donc que M. Léon Faucher n'ait pas en cela des convictions égales aux nôtres ? Voyons, j'ai résumé ce qui m'a semblé être erronné dans ses opinions sur la réforme, redisons maintenant de combien d'incontestables vérités elles nous paraissent également empreintes ; les voici :

— « Ce n'est pas assez d'*intimider* ni même de *corriger* les « coupables, si l'on ne remonte aux causes pour tarir, autant « qu'il est donné *à la prudence humaine*, les sources où le « crime va se renouveler [1].

— « Les criminels ne sont pas seuls coupables de leurs pro- « pres fautes quand ils ont pour excuse l'ignorance ou la misère, « car la *société* en devient *solidaire* à quelque degré.

— « Des colonies pour *les libérés*, soit à l'intérieur, soit à « l'extérieur, sont le complément nécessaire des prisons ré-

(1) *Journal général des Tribunaux*, 2 et 3 novembre 1836.

« formées ; *il n'y a d'établissement pénitentiaire qu'à ce* « *prix*.

— « Il est démontré que la quantité des crimes diminue dans « la même mesure que la prévoyance sociale s'accroît [1].

— « On a cherché d'une manière abstraite ce que devait être « la discipline pénitentiaire, et l'on ne s'est pas avisé que ce « pouvait être *une chose différente* suivant *les époques*, LES « PEUPLES et LES MOEURS. Quand on a trouvé *quelque part* « une expérience toute faite *comme celle des États-Unis*, on a « prononcé et proclamé le *modèle* comme s'il ne s'agissait *que* « *d'imiter pour réussir;* ou si l'on a découvert qu'il devenait né- « cessaire d'élaguer quelques éléments du système importé, tels « que les châtiments corporels, *on ne s'est pas assez inquiété* « des influences et des moyens qui devraient les remplacer [2].

— « J'ai la confiance que l'on ne fera rien qui soit convena- « ble, *ni durable*, tant qu'on ne prendra pas la connaissance « *du caractère national* pour base du système pénitentiaire [3].

— « La loi, quand elle frappe, ne considère que le crime « et n'apprécie pas la moralité des criminels; mais dans *les* « *classifications disciplinaires* C'EST LA MORALITÉ qui sert de « base, de même que le tempérament dans le traitement des « maladies [4].

— « Une espèce de jury, pris parmi les détenus pour décer- « ner les récompenses et pour juger plus tard les fautes légères « de discipline, aura pour effet de les relever à leurs propres « yeux et de les préparer à rentrer dans la société [5].

(1) *Journal général des Tribunaux*, 19 novembre 1836.

(2) *Ut suprà*, 2 et 3 novembre.

(3) *Ut suprà*, 2 et 3 novembre.

(4) Pourquoi donc avez-vous dit:

— « Si vous placez dans une position particulière, si vous distinguez « par quelque adoucissement de régime les prisonniers dociles de la « foule des détenus, vous exciterez l'envie et la haine, au lieu de faire « naître l'émulation. »

— « Nous n'admettons pas plus, dans le système des maisons péni- « tentiaires, la classe de punition que la classe de récompense. »

(Journal général des Tribunaux, 21 et 22 novembre.)

Pourquoi avez-vous dit cela, si c'est *la moralité* qui doit servir de base dans les classifications pénitentiaires?

(5) Même journal, 2 et 3 novembre.

— « Voyez le malfaiteur de race française : la femme tient « plus de place dans sa vie que la boisson. Il l'oublie difficilement en prison ; quelque souvenir de ce genre sera pour « moitié dans tous ses projets d'évasion ; et s'il peut apercevoir une femme à travers les barreaux, ne fût-ce que de « loin et en perspective, il rugira d'un délire immonde. Toute « pensée d'amélioration glissera sur lui désormais, comme « une goutte d'eau s'évaporise en tombant sur la bouche d'un « volcan [1].

— « Le bagne ne dit rien de plus que la prison ; et si l'on « abolissait ce vieux renom d'infamie qui s'attache à l'institution, les condamnés le préféreraient aux maisons centrales, où « ils meurent plus vite, et jouissent d'une moindre liberté [2].

— « On se ferait difficilement une idée exacte de l'état de « désordre et de misère où croupit le plus grand nombre des « maisons d'arrêt. . . . .

. . . .

« Et quand leur réforme ne serait pas une question d'humanité, « la prudence conseillerait d'y songer [3].

— « Les récidives sont le crime de la société [4].

— « L'amendement pour les criminels n'est qu'une question « de moyens ; il a pour limites les bornes mêmes de la puis- « sance qu'on emploie [5].

(1) *Journal des Tribunaux*, 6 novembre 1836.

Et cette pensée le tuera par l'onanisme, dans sa cellule, de nuit.

(2) C'est une vérité qui donnera à quelques avocats des cours d'assises la solution de cette question qu'ils ne manquent jamais de faire quand ils plaident en faveur d'un condamné qui a commis quelque faute grave dans l'une de nos maisons de détention. — « Comment se fait-il, « Messieurs, que ce malheureux préfère commettre un délit pour aller « aux bagnes, plutôt que de subir la prison ordinaire ? Vous concevez sans « doute qu'il faut qu'il existe de *graves abus* dans le *régime administratif* « de la maison d'où il sort, pour qu'on l'y ait réduit à un pareil acte « de désespoir, etc., etc. »

(3) Même journal, 11 novembre.

(4) Même journal, 19 novembre.

(5) Eh bien ! donc, si aucun moyen *importé* comme vous dites n'a donné la solution complète du problème que vous cherchez, pourquoi vous r fuser à le chercher par une nouvelle voie ?

— « Nous ne concevons pas une réforme radicale, par la « raison qu'il y aura toujours dans l'âme de l'homme, à quel- « que perfection qu'il atteigne, un mélange de mal. [1]. »

Et à plus forte raison dans les âmes des hommes que vous voulez régénérer ; en ce que le mélange du bien ne s'y trouve guère dans une proportion plus élevée que l'alliage à l'or pur.

Mais si vous ne croyez pas à *une réforme radicale*, d'où vient donc que vous demandez la révocation des agents de l'administration de nos prisons, qui *ne croient pas* en général au système pénitentiaire ? Est-ce qu'il est raisonnablement possible de s'expliquer ce que vous voulez dire par ces paroles : — « Il y a « des degrés infinis dans la réforme, parcequ'il y en a dans la « vertu [2]. » — Mais non, monsieur, mille fois non ; il n'y a pas de degrés différents dans la vertu, *elle est une nécessairement*, ou elle n'est point. Si vous avez voulu dire que, dans votre monde, à vous, on ne conquérait pas nécessairement à la vertu tous ceux qu'on neutralisait pour le vice, cela est vrai ; mais c'est que dans la société le RANG ou la naissance, la FORTUNE et l'INSTRUCTION sont trois puissances agissant incessamment sur tous les actes de la vie civile, et la contenant, par leur triple effort, au centre de l'honneur, si je puis m'exprimer ainsi ; tandis que l'ABJECTION, la MISÈRE et l'IGNORANCE sont trois autres forces qui tendent au contraire à en rejeter les malheureux sur lesquels elles agissent, et qui les poussent de chute en chute et de délits en délits jusqu'à l'abîme de la prison, quand l'échafaud ne les arrête pas en chemin !

— « L'éducation toute seule ne donne pas cet élan d'abné- « gation et de charité qui fait la vie grande et sainte ; et quand « le monde n'a plus de saints, il serait chimérique assurément « de prétendre en trouver en prison [3]. »

Je conçois parfaitement bien que vous n'ayez pas la prétention de faire des saints de vos convicts ; mais évitez au moins d'en faire des hypocrites de vertu, *genus pessimum*, comme Tacite les appelle. Vous ajoutez :

(1) *Journal général des Tribunaux*, 19 novembre.

(2) Même journal, 14 décembre.

(3) Même journal, 19 novembre 1836.

— « Au-dessous d'un tel idéal vient la probité *qui a aussi* » *ses distances.* Tous les hommes ne sont pas honnêtes au « même degré : il y a l'homme qui ne vole ni ne tue, honnête « *dans les bornes de la loi*, et l'homme qui n'exagère jamais « son droit au profit d'un intérêt personnel, honnête devant sa « conscience et devant l'opinion. Cette probité morale est l'ob- « jet de l'éducation, tel que le comporte notre état social ; *la* « *prison doit se proposer le même but que la société.* »

Évidemment donc tout ce que vous pouvez espérer de vos libérés, c'est qu'ils *ne volent ni ne tuent*, *et qu'ils restent honnêtes* DANS LES BORNES DE LA LOI ; car pour cette autre honnêteté qui fait que l'homme n'exagère jamais son droit au profit d'un intérêt personnel, qu'il reste pur devant sa conscience, sorte de probité qui est *l'objet de l'éducation morale*, il ne la retrouvera point, attendu que l'éducation lui a totalement fait défaut, et qu'il est conséquemment fort inutile que *la prison se propose le même but que la société*, sauf que la prison ne devienne elle-même *un élément de sociabilité* agissant par les mêmes influences et les mêmes directions. *Si no, no.*

— « Autre chose est l'innocence, autre chose le repentir ; « mais la vertu procède de l'une et de l'autre source. Qu'est-ce, « après tout, que la vertu ? *La connaissance de la règle* « *morale, et la force de l'observer ;* or, on apprend à con- « naître et l'on apprend à vouloir. Tout cela a été mis par « la Providence *dans le commerce des hommes*, tout cela « *s'acquiert ;* c'est LE PRODUIT DE LA SOCIÉTÉ autant que de « l'individu. »

Je veux admettre vos définitions. Eh bien ! pour obtenir que vos condamnés redeviennent honnêtes *devant leur conscience et devant l'opinion*, ORGANISEZ DONC VOS PÉNITENCIERS SOCIALEMENT, ou renoncez à faire autre chose de vos libérés que des brigands enclos par la peur *dans les bornes de la loi*, sous la surveillance immédiate du bourreau.

Non, non encore, ce n'est pas là *régénérer*, c'est *comprimer ;* et les mauvaises chances de l'affreux avenir de ces malheureux réagiront toujours par une force répulsive que ni vos conseils, ni vos efforts, ni vos inspecteurs de l'enseignement ne suffiront à contenir sous le poids de vos bornes légales et de votre moralité sans Dieu.

Je ne pousserai pas plus loin une argumentation tant soit peu métaphysique, et qui, de conséquence en conséquence, nous conduirait sur un terrain où il serait dangereux de se placer. Il me suffit, pour démontrer que vous êtes de mon opinion, de ces quelques mots :

— « Il faut que le système des maisons pénitentiaires soit un « peu ambitieux, qu'il y ait du luxe dans cette architecture mo-« rale, et QUE LA CIVILISATION Y DÉPLOIE TOUTES SES COMBI-« NAISONS [1]. »

Est-ce donc là que vous en êtes arrivé ? Poursuivons la série des vérités que nous recueillons dans cette œuvre si remarquable.

— « Un silence rigoureux, une surveillance active, *une ad-« ministration équitable des salaires*, voilà les principales « conditions de travail dans les manufactures et dans la pri-« son [2].

— « Le travail sans l'observation rigoureuse du silence, c'est « encore la corruption pour les détenus ; le travail solitaire, « c'est l'obéissance dépouillée de sa moralité.

— « Sans partager cette compassion exagérée dont notre « époque s'est éprise pour les malfaiteurs, il nous paraît que le « régime des coups de fouet ne saurait être imposé chez nous...

« . . . . . . Il y a dans le caractère du criminel lui-même, EN « FRANCE, un reste de *fierté*, je dirai presque *d'honneur*, qui « ne permet pas de porter la main sur lui impunément [3]. »

Vous avez raison. Eh bien ! cela suffit pour organiser socialement votre régime pénitentiaire ; et cela est si facile.... Mais les Etats-Unis, l'Angleterre, la Suisse.... IMITONS !

« — En considérant la condition des salaires en France, et « l'état de l'industrie, l'on reconnaîtra que le travail est suffi-« samment productif dans les maisons centrales, et qu'aucun « système de prison ne peut s'enorgueillir d'une organisation

(1) *Journal général des Tribunaux.*

(2) *Journal général des Tribunaux*, 25 novembre 1836.

(3) Idem, 27 novembre.

« industrielle plus avancée. Mais, *comme on l'a dit avec raison*, « LES MEILLEURS PÉNITENCIERS NE SONT PAS CEUX QUI PRO- « DUISENT LE PLUS ; il faudrait encore mieux que les entrepre- « neurs fissent des conditions moins avantageuses, si l'on ob- « tenait d'eux, *par ce sacrifice*, un système de travaux conçu « dans l'intérêt des détenus. »

Tout cela peut s'obtenir sans exiger *de sacrifices* de la part des entrepreneurs, et sans blesser la moralité du travail, comme elle l'est dans notre système actuel par l'injuste combinaison des salaires sur lesquels on ne prélève aux détenus travailleurs, ni leur nourriture, ni leur entretien. Aussi avez-vous dit :

— « L'État doit aux condamnés une nourriture suffisante, « des vêtements sains et un logement salubre : rien de moins ; « mais rien de plus. S'il y a de l'inhumanité à surcharger les « souffrances de l'emprisonnement, il y aurait *une véritable* « *immoralité* à rendre la condition du détenu préférable ou « même égale à celle de l'ouvrier libre. Les prisons ne sont « point des asiles ou des hospices ; et quand on séquestre le « crime, ce n'est pas assurément pour l'engraisser [1].

— « Dans notre opinion, le régime le plus efficace et le plus « moral *est celui qui emploie toutes les influences de la prison*. « Il faut que les détenus eux-mêmes y concourent ; ils ne l'ob- « serveront bien que s'ils en deviennent à la fois l'objet et « l'instrument. *La prison sera toujours une sorte d'enseigne-* « *ment mutuel*, puisque le monde n'est pas autre chose ; il « s'agit de changer la nature de cet enseignement, et de faire « servir à l'amendement ce qui était un moyen de dépravation. »

Ah ! Monsieur, au lieu de blâmer le gouvernement de son inaction, c'était après ces conseils qu'il fallait lui crier : MARCHE ! MARCHE ! et non pas venir jeter, comme vous l'avez fait par vos brillantes chimères, le doute et l'incertitude dans le parti qu'il devait prendre, et que, peut-être il a déjà pris !

— « La prière élève l'âme ; les hommes *les moins religieux* « ne l'entendent pas sans un trouble secret de la pensée. Elle

(1) *Journal général des Tribunaux*, 30 novembre 1836.

« doit commencer et terminer la journée pour les détenus. Le « matin en hiver, et le soir en été ; joignez-y une lecture mo- « rale, que les condamnés écouteront debout, devant la porte « de *leurs cellules*; que *tous les officiers de la maison y assis-* « *tent*, L'EXEMPLE n'est pas la partie la moins importante de « leurs fonctions [1]. »

Ah! oui! c'est bien cela ! Mais que voulez-vous gagner sur des cœurs que vous aurez imbus de cette maxime, qu'il suffit *de ne tuer ni voler pour demeurer honnête dans les bornes de la loi?* Pensez-vous qu'ils veuillent prier ou qu'ils prient jamais par conviction? Quels succès espérer de cette excellente combinaison d'administration intérieure? Écoutez-vous parler :

— « L'enseignement dans les pénitenciers devrait avoir deux « degrés : l'enseignement *du dimanche*, qui durerait deux heures « au moins, aurait *pour objet* l'instruction primaire ; l'ensei- « gnement *du jeudi* serait une conférence d'un ordre plus « élevé. »

Et d'abord pourquoi donc intervertir ainsi les usages, et choisir expressément le dimanche pour une instruction profane, et le jeudi pour un enseignement d'un ordre plus élevé? Pensez-vous que les détenus ne sentent pas tout ce qu'il y aurait d'incrédulité philosophique dans cette insolite combinaison des différents devoirs qui leur seraient imposés? Oh! si vraiment, ils le sentiraient, et d'une manière bien funeste à leur amendement religieux. Poursuivons :

— « Dans les pénitenciers agricoles on se consacrerait à dé- « velopper *les vérités morales*; dans les pénitenciers manufac- « turiers, à expliquer *la nature et la loi*. »

Par ces mots *vérités morales*, je dois croire que vous comprenez également *les vérités religieuses*, car vous avez reconnu que les condamnés des campagnes étaient essentiellement religieux et plus aptes que tous les autres aux influences de cette espèce d'enseignement. Mais qu'est-ce donc que ces conférences explicatives de la *nature* et de *la loi* sur lesquelles vous voulez baser l'instruction à donner aux condamnés dans vos péniten-

(1) *Journal général des Tribunaux*, 7 décembre 1836.

ciers manufacturiers ? Il sera sans doute inutile pour ceux-ci de les contraindre à écouter debout les prières du soir et du matin, puisque vous les croyez tout-à-fait inhabiles à comprendre le développement des vérités morales ? Au nom de Dieu ! prenez-y garde !... Vous édifiez sur un sol excavé par des abîmes.

Vous avez l'obligeance de parler des conférences que j'ai établies sur *la moralité de nos lois pénales*. Il est vrai qu'elles attirent *volontairement* un grand nombre d'auditeurs au pied de ma modeste tribune ; mais c'est que j'ai pris soin de rattacher incessamment *les lois humaines aux lois divines*, et de démontrer que les premières n'ont de puissance et de vérité que parcequ'elles se lient essentiellement aux lois du ciel. Autrement mes efforts eussent été vains ; et grâce à Dieu, il n'en a pas été ainsi (1). Achevons nos citations.

— « La moralité d'un établissement pénitentiaire dépend « entièrement du choix des hommes appelés à le diriger. L'in« fluence des réglements n'est que secondaire, celle des per« sonnes est tout. Dans un système qui multiplie les rapports « entre les détenus et les officiers de la maison ; où ceux-ci « agissent des yeux, du geste, de la voix, de l'exemple, où ce « que n'ont pas fait les agents subalternes est repris en sous« œuvre tantôt par le directeur, et tantôt par l'instituteur ou « l'aumônier, on conçoit que l'efficacité du régime tienne prin« cipalement à la valeur des instruments (2).

— « Les emplois dans les prisons doivent devenir une car« rière qui aurait ses règles et ses droits, au lieu d'être, COMME « AUJOURD'HUI, le pis-aller *de toutes les incapacités*, que la « protection des pairs, des députés et des préfets n'a pu parve« nir à colloquer ailleurs. »

Vous me permettrez, Monsieur, de ne pas pousser la modestie jusqu'au point de mettre ce paragraphe au nombre des vérités que je cherche à faire rejaillir de votre système de réforme.

(1) Ce cours de conférences est sous presse, et forme deux forts volumes in-8° qui paraîtront le 15 décembre 1837.

(2) *Journal général des Tribunaux*, 14 décembre 1836.

Là se borne ce que M. Léon Faucher avait à nous enseigner sur les pénitenciers d'hommes. Voyons ce qu'il a écrit des pénitenciers pour les femmes. Il s'agit de *l'incurie de l'administration.*

— « Il faut qu'une femme qui entre en prison, si elle a gardé « un reste de pudeur, s'en défasse à l'instant ; car on lui donne « des hommes pour geôliers et pour surveillants. Les hommes « la suivent dans tous ses mouvements, du dortoir à l'atelier, « et de l'atelier au dortoir. Elle n'a pas de refuge contre cette « pensée ; ce sont des hommes qui épient ses désordres les plus « honteux, et qui sont chargés de démêler aussi ses bons mou- « vements. Il faut qu'elle paraisse pour ainsi dire sans voile « devant le surveillant. Pour premier degré de l'amendement « on fait violence au sentiment le plus inséparable de son sexe, « à celui qui en est peut-être toute la vertu [1]. »

Qui donc, bon Dieu! vous a raconté d'aussi horribles choses?... et nous a valu ce reproche peu gracieux *d'incurie*, que vous nous adressez en termes si éloquemment harmoniés, pour nous dépeindre LA PUDEUR alarmée des chastes filles que nous recevons dans nos établissements? Hâtons-nous de rassurer la vôtre sur ce point.

On donne aux détenues des hommes pour surveillants ; mais ce sont *toujours* des femmes qui les visitent en arrivant, et cela dans un appartement exprès. Ce sont des hommes qui les suivent dans tous leurs mouvements; mais *jamais* ils n'entrent dans leurs dortoirs ni en quelque endroit que ce soit où la décence ne permette pas de les suivre ; et pour tout dire enfin, depuis plus de quinze ans que cet abus existe, il n'y a pas quatre exemples qu'il en soit résulté aucun des désordres que vous semblez indiquer. Au surplus, tant que vous n'aurez pas obtenu que le service de la geôle devienne une carrière honorable, vous ne trouverez, pour remplir les fonctions de gardiennes, que des femmes de bas étage, et dont la pudeur et la probité n'offrent guère rien de plus excellent que celles de vos recluses ; et c'est parceque, dans l'origine, on en avait fait l'expérience, qu'il a

(1) *Journal général des Tribunaux*, 21 décembre.

fallu user de l'emploi d'hommes pour gardiens de nos prisons de femmes. Enfin, vous saurez qu'avant l'anathème que vous venez de lancer, le gouvernement a décidé que de nouvelles épreuves seraient tentées, et qu'à Loos le quartier des condamnées est gardé et surveillé par des femmes, qui, jusqu'à présent, n'ont donné lieu qu'à se féliciter du bon choix qu'on a fait, quoique avec beaucoup de difficulté.

Vous dites en parlant des sociétés de dames qui, en Angleterre, se sont vouées à la réforme des condamnées avec un si grand succès :

« Aucune association de ce genre n'existe en France, ou du « moins n'a produit de semblables résultats.

« L'administration aura d'autant plus à faire, qu'elle ne peut « guère compter sur le concours de la charité publique. Les « femmes ont trop peu de loisirs dans notre société pauvre et « occupée, pour reporter hors de la famille un dévoûment qui « n'est jamais sans emploi. »

Ce n'est pas là seulement une erreur, *c'est une injustice*; et, pour s'en être rendu coupable, il ne faut rien de moins qu'avoir des yeux pour ne point voir, ou ne s'être jamais trouvé sur le passage de nos dames de charité, à la porte des douloureuses misères qu'elles vont consoler! Osons l'affirmer hautement, aucun autre pays d'Europe n'a de gloires ni de vertus que notre France ne puisse égaler quand on lui dira : — Voilà le chemin, — et qu'on lui permettra de s'y précipiter.

Écoutons maintenant d'incontestables vérités :

— « On est maître d'un homme à moitié quand on occupe et « quand on fatigue son activité. Mais *la passion ne se lasse pas « avec le corps*, et la femme est moins active que passionnée. « *Il faut lui donner quelque chose à aimer*. La vertu, si on « veut la retirer du vice; et, à la place de l'homme, Dieu. L'en- « seignement, la morale, et surtout la religion, *sont des néces- « sités de la prison*, plus impérieuses pour le sexe le plus faible; « *soumis au même régime matérialiste, il tombera toujours « plus bas.* »

Et en effet, c'est à une sorte de régime matérialiste que vous voulez asservir vos *pénitentiaires manufacturiers* avec votre enseignement de *la nature* et de *la loi*. Eh bien ! si l'on adopte votre système, savez-vous ce qu'il arrivera? Le voici : Vos condamnés tomberont dans le scepticisme le plus abject, parce-qu'il n'aura pour les soutenir qu'une instruction nécessairement imparfaite, et ce sera parmi eux que vous rencontrerez de ces hommes qui se comptent par numéros d'ordre pour assassiner vos rois ! Encore une fois, dans tout et pour tout, PRENEZ DIEU POUR GUIDE, OU CESSEZ DE MARCHER. Vous confondez donc évidemment ici l'erreur et la vérité, quand vous écrivez cet axiome, que : — « Avec les hommes il faut parler à la raison, « et avec les femmes au cœur. » — Ce double langage doit être également tenu à tous ; et tous le comprendront et le parleront à leur tour, si vous savez le mettre à la portée de la nature diverse de leur intelligence et de leur sensibilité. Rappelez-vous donc ces admirables paroles échappées à votre conviction d'honnête homme et de chrétien :

— « Ah ! si jamais le prêtre catholique allait de nouveau « se placer au milieu des hommes, s'il adoptait nos progrès et « nos sympathies, alors quelle puissance ne prêterait-il pas à « la réforme ? Nous n'aurions plus rien à envier aux États-Unis ; « il y a mieux : le culte protestant rappelle l'homme à lui-« même ; le culte catholique le rappelle à Dieu. Il ne l'aban-« donne ni à sa faiblesse, ni à sa force, mais lui fait sentir « CONSTAMMENT le frein ou l'appui. Le prêtre, dans le protes-« tantisme, est UN RAISONNEUR QUI LUTTE DE LOGIQUE AVEC « LES PASSIONS [1] ; le prêtre, dans le catholicisme, oppose les « passions aux passions. S'il nous était donné de mettre cette « force immense en rapport avec la nature actuelle de l'*hon-« neur* et de l'état social, NOUS POURRIONS TOUT TENTER ; il « n'y aurait plus de hauteurs inaccessibles dans le domaine « moral [2]. »

Ainsi donc, toute la question se réduit évidemment à ceci :

(1) C'est précisément là l'enseignement de *la nature* et de *la loi* que vous proposez pour vos pénitenciers manufacturiers. Est-ce donc l'apostasie que vous voulez enseigner à ces malheureux ?

(2) *Journal général des Tribunaux*, 14 décembre 1836.

TROUVER DE BONS AUMÔNIERS POUR NOS PRISONS. Or, nous le disons avec une entière conviction, il y en a plus d'un en France avec lesquels ON POURRA TOUT TENTER pour la réforme de nos prisons, sans acception de sexe ni de type caractéristique d'industriels ou d'agriculteurs; mais il faut les chercher.

— « On a invoqué dans quelques prisons de femmes l'assistance des corporations religieuses pour discipliner et pour « réformer les détenus. Ces tentatives, contrariées du reste « *par l'esprit du siècle*, n'ont abouti qu'à diviser et qu'à discréditer l'autorité [1]. *Les personnes engagées dans les vœux « monastiques ne reconnaissent que la hiérarchie religieuse. « Elles se refusent à servir d'instrument au pouvoir civil, « et sont toujours prêtes à appeler des ordres du directeur à « leur évêque ou à leur curé.* »

L'expérience ne justifie que trop malheureusement cette réflexion, et c'est ce qui me faisait écrire autre part [2] : — « Il « en est des sœurs de charité, là où elles n'exercent pas un « pouvoir illimité, comme de ces pierres précieuses dont l'éclat « se ternit dès qu'elles sont environnées de brillants d'une au- « tre nature; il faut, pour en apprécier la haute valeur, les « *sertir* EN SOLITAIRES, ou renoncer à s'en parer. » Et voilà pourquoi j'ai demandé la création de congrégations tout à la fois laïques et religieuses, spécialement affectées à la surveillance de nos prisons [3]. Hors de là, toute tentative de réforme sera vaine; on peut en être convaincu.

Vous vous faites cette autre question en parlant du régime cellulaire : — « Sera-ce un frein pour la corruption du cœur? » Et vous vous répondez : — « On empêche le contact, mais *on*

(1) On parle incessamment *de l'esprit du siècle*, mais s'il était vrai que l'esprit du siècle fût aussi incompatible qu'on veut bien le dire avec le sentiment religieux, serait-il également vrai qu'on dût y renoncer purement et simplement pour n'en pas contrarier l'incrédulité? Je voudrais bien qu'on me répondît à cette question.

(2) *La Ville du Refuge*, rêve philantropique, page 230. Paris, 1832.

(3) *Examen historique et critique des diverses Théories pénitentiaires.*

« *ne réprime pas la passion* par les clôtures et par les obsta-
« cles matériels [1]. »

Je ne soutiens assurément pas autre chose; cependant je n'en conclus pas, comme vous, qu'il faille dépenser des sommes immenses pour isoler de nuit les condamnés dans les cellules; mais bien au contraire, qu'il faut les caserner dans de vastes dortoirs bien éclairés et bien surveillés, et les soumettre à un mode de civilisation sociétaire qui leur indique la vie humaine, par la liberté du bien et du mal faire, seule règle infaillible d'amendement et de régénération.

Les hommes sérieux auxquels je m'adresse se convaincront maintenant combien peu il y a d'unité dans les principes pénitentiaires élaborés avec tant de séduction aux *premiers Paris* des feuilles quotidiennes que je viens d'examiner.

Mais d'où vient cela? Qu'a-t-il manqué à M. Léon Faucher pour formuler un système de réforme net et précis? Ce n'est, tout le monde en conviendra, ni le talent, ni l'art, ni l'intention, ni le dévouement à l'édification de cette œuvre grande et belle. L'auteur se montre partout homme de cœur et d'esprit. Ce qui lui a manqué, c'est, comme à beaucoup d'autres, l'expérience des hommes et des choses dont il a fait le sujet de ses méditations. Venu l'un des derniers dans l'arène philantropique, il a jeté un œil de curiosité sur les ARMES ROMPUES des combattants, tour à tour vainqueurs et vaincus; et, alors, prenant en pitié leur noble courage, il s'est dit : — Voyons où s'est trouvé pour eux le défaut de la cuirasse, et composons une nouvelle armure impénétrable à tous les traits. En effet, il a, çà et là, ramassé, suivant qu'il les a jugés les meilleurs, des tronçons de lances encore armés de leur fer aigu; des débris de boucliers encore empreints de leurs chiffres mutilés, et quelques masques dont la visière baissée attestait que c'était un chevalier inconnu qui en avait couvert son visage. Et puis, il a créé son œuvre, ne s'apercevant pas que tout éclatante qu'il l'avait faite, elle révélait le secret de l'ouvrier, et n'offrait qu'un assemblage de soudure sans harmonie et sans solidité.

(1) *Journal général des Tribunaux*, 21 décembre 1836.

Mais — « l'éclectisme, a-t-on dit, n'est pas un système, « C'EST UN DOUTE. Tout homme qui ignore et qui aborde la « science est nécessairement éclectique ; il choisit ce qui lui « semble vrai, et repousse ce qu'il croit faux. Dès que ce pre- « mier travail de triage est fait, il cherche à soumettre ces élé- « ments *à sa propre réflexion*, et c'est alors seulement qu'il « élève ses idées à l'état de système [1]. »

Si l'on se pénètre bien du principe sur lequel ce philantrope a voulu baser le sien, on y découvre qu'il repose sur une combinaison bien entendue DU TRAVAIL et DE L'INSTRUCTION. C'est, sans contredit, la seule pierre angulaire de l'édifice à construire ; mais, selon nous, il s'est contenté de la polir, et n'a pas su la tailler.

Oui ; — « un silence rigoureux. une surveillance active, « UNE ADMINISTRATION ÉQUITABLE DES SALAIRES, voilà les prin- « cipales conditions du travail dans la manufacture et dans la « prison [2], » — et celles aussi de la régénération morale des condamnés.

Mais l'estimable écrivain n'ignore pas, assurément, que cette grande question de la répartition équitable des salaires est celle qui, de toutes, agite le plus aujourd'hui le monde civilisé, et cause le plus de sollicitudes à la science de l'économie politique : il sait qu'une secte nouvelle en a fait son dogme de foi, et que par la séduction de ses principes humanitaires elle grandit, quoiqu'on en dise, au milieu des injures dont on l'abreuve, et des erreurs même dont, comme travail d'homme, elle doit être nécessairement imbue.

Un journal, LA PAIX, a fait cette réflexion : — « Il y a bien « une autre manière de concevoir l'organisation du travail, un « autre système qui, seul, peut s'appeler *une organisation de* « *travail*. Ce système C'EST L'ASSOCIATION DIRECTE DE TOUS « LES MEMBRES DE L'ATELIER ; et la distribution des fonctions, « la répartition des produits, tout aurait lieu suivant des règles « fixes. Mais cette idée n'est pas encore tombée dans le do-

(1) M. Esquiros, *France littéraire*, 2e série, livraison d'octobre 1836.

(2) *Journal général des Tribunaux*, 25 novembre 1836.

« maître public[1]. » — Il n'est pas même présumable qu'elle y « tombe de longtemps encore. » Cependant cette même idée ne pourrait-elle être fructueusement utilisée pour le travail de nos pénitenciers? Nous croyons qu'habilement harmonisée avec l'éducation *religieuse*, *morale* et *industrielle*, elle offrirait le meilleur moyen d'amender nos condamnés. En un mot, nous avons la conviction que, jusqu'à ce jour, on n'a pas soulevé la véritable question de la réforme pénitentiaire; et que, pour la résoudre, il vaut mieux l'aborder sous son point de vue philosophique que sous son point de vue mécanique, comme on l'a fait partout.

Je dis ce que je pense; mais je ne pense pas que ce que je dis soit infailliblemant vrai. Il est possible que le système cellulaire de nuit, *irrévocablement arrêté*, nous dit-on, par les hommes de *la science* qui ont été appelés aux conseils du gouvernement[2], produise des résultats que je n'ai pu ni concevoir, ni prévoir; et je le désire sans aucune espèce d'arrière-pensée. Mais jusque-là, je demanderai la permission de supposer que si le système cellulaire l'a emporté dans la discussion du projet de loi sur la réforme des prisons, ce n'est pas aux hommes de *la science* qu'il faut en témoigner sa reconnaissance, car ils formaient la minorité, mais bien à ces hommes dont le haut savoir et la probité sévère impriment invinciblement, même à l'autorité supérieure qui les consulte, la loi de leur génie et de leur conviction.

On ne joue pas la responsabilité devant de telles oppositions.

Maintenant la société, quoi qu'elle fasse et sous quelque forme de gouvernement qu'elle soit constituée, a-t-elle en soi une autorité suffisante pour rendre à l'homme déchu par le crime la jouissance pleine et entière de sa vie première d'innocence et d'honneur? NON, car la société manque forcément d'éléments propres à la juste appréciation du repentir : c'est un secret que Dieu s'est réservé; et voilà pourquoi le coupable ne retrouve de véritables consolations que dans celles que lui offre la religion

(1) Voyez le journal *la Phalange*, 1er décembre 1836, page 477.
(2) Voyez le *Journal général de France*, 7 janvier 1837.

de ses pères. La société reste devant lui comme Henri IV devant les ligueurs, une main toujours appuyée sur le pommeau de son épée. La religion n'a point d'arrière-pensée ; et plus le pécheur qui revient à elle fut grand par le crime et l'impiété, et plus elle lui manifeste de confiance et d'amour ! Ainsi donc, il est vrai que la loi proprement dite n'a le condamné en vue que très secondairement ; que s'il ne devait pas recouvrer sa liberté, elle n'aurait pas à s'occuper de son amendement, et que ce ne serait plus qu'une affaire de religion : car la société n'a pas mission de régénérer les individus tarés ; mais de s'en défendre dans son intérêt de conservation légal et bien compris. Quand donc elle se croit assez forte pour intervenir entre elle et le coupable, et qu'elle lui dit : — « Je te rendrai ma con-« fiance si, dans un laps de temps donné, tu t'en es rendu digne, » — elle se ment à elle-même, et trompe celui qu'elle appelle au repentir, puisqu'elle lui offre une récompense qu'il lui est impossible d'accorder sans restriction et sans danger. Mais ce qu'elle peut et doit tenter, ce n'est pas de faire oublier au coupable ni à ceux qui ne l'ont jamais été, que des fautes plus ou moins graves ont été commises par tel ou tel de ses membres ; mais de faire ressouvenir qu'elles ont été punies de telle sorte que le châtiment serve d'exemple à tous par sa juste rigueur et la honte qui s'y rattache. Autrement, c'est le plus grand nombre et le plus moral que vous sacrifiez au plus petit et au plus vil. Ce n'est pas une œuvre d'humanité que vous élaborez, c'est une œuvre anti-sociale, et par cela même anti-religieuse que vous accomplissez.

De son côté, ce que le coupable a le droit d'attendre de l'appel qu'on fait à ses remords et à son amendement, c'est qu'on ne lui rende pas impossible le parcours de la nouvelle route qu'on lui ouvre, et qu'on ne le rejette pas indignement et avec mépris du but que d'avance on lui a marqué, s'il a trouvé en soi assez de courage et de vertu pour y arriver. Ce n'est pas qu'on oublie sa faute, mais qu'on la lui pardonne ; ce n'est pas qu'on lui rende son innocence perdue, mais qu'on tende à son repentir une main charitablement amie. Ce n'est pas, enfin, qu'on écarte à toujours de lui une surveillance légale, mais qu'on ne l'environne pas à son égard d'obstacles tellement insurmontables qu'il ne puisse se perpétuer dans l'amour de ses devoirs et la crainte de l'ignominie. Eh bien ! si la société qui lui a concédé le droit immense de rentrer, par le repentir, dans sa pureté originelle, lui refuse tout cela, c'est elle qui se fait aujourd'hui perfidement infâme, et cependant !... N'importe : que ce soit imprudemment ou non qu'elle s'est fourvoyée dans l'inextricable chaos de la philantropie, il n'est plus temps pour elle de se poser sur un autre terrain. Elle a promis miséricorde, et désormais il faut que miséricorde se fasse à tout prix, mais non pas A TOUT RISQUE. Or, c'est là précisément l'immense difficulté qui se présente pour l'accomplissement de l'œuvre sur-humaine qu'elle s'est proposé d'édifier.

Comme tous les hommes de cœur et de dévouement, je lui apporte loyalement ma quote-part de zèle, d'études, d'expérience et de matériaux. Que si rien de tout cela ne lui convient, je me tairai : *Vis arma supersunt*[1]... Que Dieu lui soit en aide !

(1) Virg.

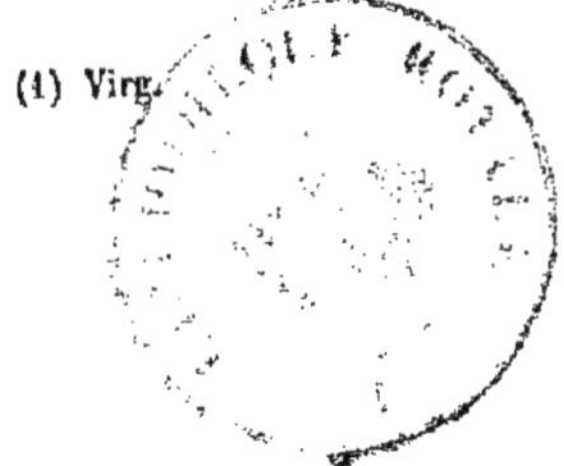

FIN.

www.ingramcontent.com/pod-product-compliance
Ingram Content Group UK Ltd.
Pitfield, Milton Keynes, MK11 3LW, UK
UKHW012101240726
13965UKWH00004B/1444